정책연구시리즈 2023-15

건강보험 지출 증가요인 분석과 지출 효율화 방안 연구

권정현

정책연구시리즈 2023-15

건강보험 지출 증가요인 분석과 지출 효율화 방안 연구

저 자

권정현 | 한국개발연구원 연구위원

연구지원

김성지 | 한국개발연구원 전문연구원(前)

발간사

2022년의 건강보험 전체 진료비 지출이 100조원을 넘어섰다. 건강보험 재정수지는 흑자였지만 저성장 전망과 의료서비스 수요가 높은 고령인구의 증가로 건강보험 재정의 불확실성은 점증하고 있다. 건강보험 재정의 지속가능성과 국가 재정 운영의 여유를 담보하기 위해서는 한정된 재원을 합리적으로 운영하기 위한 건강보험 재정지출 관리가 필요하며, 이를 위해서는 건강보험 재정지출 증가의 원인에 대한 면밀한 이해가 우선되어야 한다. 본원의 권정현 박사는 이러한 문제의식하에서 건강보험 재정지출을 다각도로 분석해 건강보험 재정지출 증가를 견인하는 주요 요인을 확인하고, 건강보험 재정지출 관리를 위한 정책을 제시하고자 하였다.

저자는 2009~19년간의 건강보험 진료비 지출 증가를 가격, 수량, 인구요인으로 분해하고, 각 요인이 건강보험 지출 증가에 기여하는 정도를 산출하였다. 분석 결과에 따르면, 전체 건강보험 진료비 지출 증가에 대한 기여도가 가장 큰 것은 가격요인으로, 진료비 지출 증가의 2/3 이상을 설명하는 것으로 나타난다. 그러나 인구의 연령별, 의료서비스 유형 및 의료기관 유형과 질병에 따라 각 요인이 건강보험 재정지출 증가에 미치는 영향의 정도는 차이가 크다. 따라서 건강보험 재정지출 관리를 위해서는 모든 유형에 들어맞는(one-size-fits-all) 하나의 대응이 아닌 의료비 지출 특성에 맞는 세부적인 대응이 필요함을 저자는 역설한다.

분석 결과를 바탕으로 저자는 의료서비스 이용당 비용 증가를 관리하기 위해 건강보험 지불제도의 개편과 건강한 고령화의 지원, 질환의 중증화 예방을 위한 예방정책의 강화 및 지속적인 만성질환 관리 지원의 정책과제를 제시하고 있다. 건강보험의 지출 관리 필요성이 높아지는 현재 시점에서 정책대응 방안을 마련하는 데 본 보고서가 기여할 수 있기를 기대한다.

저자는 많은 분들의 도움으로 보고서를 완성할 수 있었음을 밝히고 있다. 특히 연구를 위한 자료의 수집 및 정리를 지원한 본원의 김성지 전문연구원과 보고서의 부족한 부분을 개선하는 데 큰 도움을 주신 익명의 검토자분들께 깊은 감사를 표하고 있다.

마지막으로 본 보고서에 제시된 견해는 저자 개인의 의견이며, 본원의 공식 견해가 아님을 밝혀 두는 바이다.

2023년 4월

한국개발연구원 원장

조 동 철

목 차

◈ 표 목 차

◈ 그 림 목 차

요 약

건강보험의 지속가능성 및 국가 재정 운영의 효율성을 담보하기 위해서는 한정된 재원을 합리적으로 운영하기 위한 건강보험 재정지출 관리가 필요하다. 효과적인 재정지출 관리방안을 마련하기 위해서는 우선 재정지출 증가의 주요 원인에 대한 면밀한 이해가 바탕이 될 필요가 있다. 인구의 특성, 질병 유형의 변화, 의료기관 및 의료서비스 공급자의 특성 등 의료비를 구성하는 세부적 요인이 의료비 지출 증가에 미치는 영향을 확인하는 것은 건강보험 재정지출 관리를 위해 보다 구체적인 대응방안 마련을 위한 정보를 제공하고, 향후 우리나라의 의료비 변화 방향 예측에도 도움이 될 수 있을 것이다.

본 연구는 이러한 문제의식하에서 우리나라 의료비 지출 증가의 영향요인을 확인하고 건강보험 진료비 지출을 가격요인과 수량요인 그리고 인구요인으로 나누어 각각의 요인이 진료비 지출 증가에 기여하는 정도를 확인하였다.

제2장에서는 선행연구에서 확인되는 국민의료비 지출 영향요인들이 현재에도 유효한 결과인지 확인하기 위해 2005년부터 2019년까지 국가 단위의 의료비 패널 자료를 구축하고 분석하였다. 분석 결과는 기존 선행연구의 결과와 유사하게 소득과 고령화 정도, 의료기술의 발전이 의료비 지출 증가와 유의한 관련성을 갖는 것으로 확인된다. 그러나 소득과 고령화의 영향 정도는 과거에 비해 감소하는 것으로 나타난다. 선행연구

에서는 의료비 지출의 소득탄력성이 1에 가까운 값으로 나타났으나, 2000년대 중반 이후의 시기를 분석한 결과에서는 의료비 지출의 소득탄력성이 0.406으로 나타난다. 소득은 여전히 가장 주요한 의료비 지출 증가의 영향요인이지만 영향 정도의 크기는 최근 낮아진 것으로 판단된다. 고령화는 소득수준, 의료자원 및 공공의 보건의료 부문 투자 등을 통제한 이후에도 경상의료비 지출 증가와 유의한 관련성을 갖는 것으로 확인된다. 다만, 소득과 마찬가지로 고령화 또한 과거의 연구 결과들에 비해 의료비 지출 증가에 미치는 영향이 감소하고 있는데, 이러한 고령화의 영향 감소는 고령인구의 건강 상태 개선이 주된 원인으로 설명된다. 의료자원 중 병상 수의 증가는 의료비 지출 증가와 유의한 관련성을 갖는 것으로 확인되나, 의사 인력의 수는 유의한 관련성을 확인할 수 없으며, 의료기술의 발전은 의료비 지출 증가와 유의한 관련성을 갖는 것으로 나타난다.

국가별 패널 분석은 국가별 제도적·환경적 이질성을 통제한 결과이나, 우리나라의 제도적 상황 변화에 따라 요인별 의료비 지출 영향요인은 OECD 국가의 평균적인 양상과 다를 수 있다. 이를 고려해 1970년부터 2021년까지 우리나라의 의료비 지출 변화를 전국민 의료보험 도입 전후 시기별로 나누어 분석하였다. 분석 결과는 전국민 건강보험 적용 전후에 우리나라의 경상의료비 지출 영향요인에 상당한 차이가 있음을 시사한다. 특히 소득의 영향이 큰 폭으로 변화하는데, 전국민 건강보험이 도입되기 이전 시기인 1970~88년의 의료비 지출 분석에서는 의료비 지출의 소득탄력성이 1보다 커, 의료서비스 이용이 사치재였던 것으로 나타나나, 전국민 의료보험 도입 이후 시기에는 의료비 지출의 소득탄력성이 큰 폭으로 하락하여 의료서비스 이용은 더 이상 사치재가 아닌 필수재로 분류할 수 있다. 보편적 의료보험의 도입으로 소득의 변동이 있더라도 과거 보험이 없던 시기에 비해 의료서비스 접근성이 큰 폭으로 개선된 점이 의료비 지출의 소득탄력성 변화에 주요하게 영향을 미쳤을 것으로 판단된다. 우리나라는 빠른 속도로 고령화가 진행되고 있으나 전국민 의료보험 도입 이후 분석 시기로 한정했을 때 고령화 정도가 의료비 지출에 미치는 영향은 양의 추정계수를 나타내나 통계적으로 유의하지 않다. 병상과 의사 수의 변화 또한 유의한 영향을 확인할 수 없는 반면, 여전히 정부 재정지출 중 보건의료 부문의 비중 확대는 우리나라 의료비 지출 증가와 밀접한 관련이 있는 것으로 분석 결과 확인된다. 정부의 보건의료 분야에 대한 재정지출 확대가 의료비 지출 증가와 높은 연관성을 보이는 것은 보건의료서비스 수요 확대에 대한 정부 재정지출의 자동적 대응에 기인하는 측면이 있다. 우리나라는 건강보험 재정지출에 대해 국고지원을 법제화하고 있으며, 양출제입 방식으로 운영되는 건강보험 재정지출의 특성상 건강보험 재정지출의 확대, 즉 의료비 지출의 확대는 건강보험 국고지원의 자동적 증가로 이어진다. 전국민 의료보험제도가 도입되기 이전의 정부의 보건의료 분야 재정지출에 비해 전국민 의료보험제도가 도입된 이후 정부 재정지출 중 보건의료 부문 지출 증가가 유의한 관련성을 나타내는 것은 이러한 가능성을 뒷받침한다.

제3장에서는 2009~19년의 건강보험 급여 진료비 지출을 가격과 수량, 인구 요인으로 분해해 각각이 진료비 지출 증가에 미치는 영향 정도를 산출하고 건강보험 진료비 지출 증가를 견인하는 주요 요인을 확인하였다. 또한 연도별로 각 요인이 기여하는 정도의 변화를 확인하고, 연령, 의료서비스 유형 및 의료서비스 기관, 질병별로 진료비 지출 영향요인을 확인해 구체적인 건강보험 재정지출 증가 대응방안을 모색하고자 하였다.

전체 건강보험 진료비 지출 증가에 대한 기여도가 가장 큰 것은 가격요인으로 2009년부터 2019년 사이 건강보험 진료비 지출 증가의 76.73%를 설명한다. 의료서비스 이용량의 증가는 의료비 지출 증가의 14.64%, 인구구조 변화는 8.63%를 설명한다.

가격요인의 기여도는 2013년 이후 지속적으로 확대되고 있다. 가격요인은 진료 에피소드별 진료 강도의 변화, 수가의 변화, 보장성강화정책의 확대에 따른 높은 가격의 의료서비스에 대한 급여 확대 등 정책적 변화가 주로 영향을 미칠 수 있는 영역으로 지출 관리 대응전략을 필요로 한다. 수량요인은 2010년부터 2012년까지 전체 건강보험 진료비 지출 증가의 35% 이상을 설명하였으나, 이후 지속적으로 전체 건강보험 진료비 지출 증가에서 차지하는 기여도가 축소되면서 안정적 수준을 나타내고 있다. 인구구조 변화요인의 영향은 2017년 이후 전체 건강보험 진료비 지출의 10% 내외로 나타난다. 인구구조의 변화가 진료비 지출 증가의 주요한 영향요인임은 사실이나 진료비 지출 증가를 주도하는 요인은 아님이 확인된다. 고령화의 제한적인 영향은 건강한 고령화에 주로 기인하는 것으로 판단된다. 건강한 고령화가 진행되고 있다는 가능성은 75세 미만의 전기 고령자의 의료서비스 이용 감소와 75세 이상 고령층의 의료비 지출에서 의료서비스 이용의 영향이 감소하는 양상, 건강수준과 교육수준 간 유의한 양의 상관관계, 교육수준이 높을수록 동일한 연령수준에서 의료서비스 이용이 감소하는 패턴에서 확인되며, 이러한 결과들은 건강한 고령화 지원을 통한 고령자 의료비 지출 관리의 가능성을 시사한다.

국가별로 의료비 지출을 관리하는 주요 전략 중 하나는 고비용의 입원서비스 이용을 상대적으로 저비용인 외래서비스 이용으로 전환하는 것이다. 의료기술의 발달은 입원서비스를 외래서비스로 대체하는 것을 가능케 한다. 의료서비스 유형별 건강보험 진료비 지출요인 분석을 수행한 결과에 따르면, 우리나라는 상급종합병원을 중심으로 외래서비스 이용이 증가하는 것으로 나타나나 입원서비스 또한 증가해 입원서비스가 외래서비스로 충분히 대체되고 있는지 여부는 명확하지 않다. 외래서비스에서는 가격요인이 2019년 기준 건강보험 진료비 지출 증가의 73%를 설명해 외래서비스 진료비 지출 증가를 가격요인이 주로 견인하고 있음이 확인된다. 가격요인의 기여도가 빠르게 증가하는 원인은 외래서비스에서 고비용의 의료서비스 이용의 증가, 진료 강도의 변화, 수가의 상승 등을 고려할 수 있다. 특히 상급종합병원에서 외래서비스 이용 증가가 두드러지게 나타나는 것은 외래서비스 이용당 진료 강도의 변화 및 고비용의 의료서비스 이용 변화 가능성을 시사한다. 입원서비스에서는 수량요인이 건강보험 진료비 지출 증가를 주로 견인하는 것으로 나타난다. 다만, 2015년부터 가격요인의 기여도가 점차 확대되고 수량요인의 기여도는 하락 추세를 나타낸다.

질병별 진료비 지출 분석 결과에서는 질병 유형별로 진료비 지출 증가 기여도에 차이가 나타나는 것을 확인할 수 있다. 고령층의 주요 질환 유형에서는 수량요인이 진료비 지출 증가를 주로 견인한다. 가격요인은 상대적으로 진료비 지출 증가에 대한 기여도가 낮은데, 고령화의 심화에 따른 유병률 증가와 의료서비스 이용 통제가 제한적인 현실을 고려할 때 조기 진단을 통한 위험요인 사전 관리 강화 및 치료의 지속성 확보를 통한 중증 이환 지연이 의료서비스 이용당 의료비 지출 증가 관리를 통해 노인성 질환의 진료비 지출 증가를 관리하는 핵심 전략으로 고려되어야 한다. 동시에 수량요인 관리를 위해 노인성 질환을 예방하기 위한 노력이 동반될 필요가 있다.

고혈압, 당뇨 등 만성질환은 인구의 연령구조 변화와 의료서비스 이용 증가가 진료비 지출을 증가시키는 데 매우 주요하게 기여하는 것으로 나타난다. 특히 고혈압의 경우 그 기여도가 16.7%로 나타나, 현재 수준의 의료서비스 이용 정도와 의료서비스 이용당 의료비 수준이 지속되더라도 인구 고령화에 따라 진료비 지출을 계속 증가시킬 것으로 예상된다. 반면, 전체 의료비 지출에 비해 가격요인의 기여도는 높지 않다. 이는 만성질환 진단 이후 치료 지속 정도의 개선으로 중증 이환이 감소하면서 평균적인 의료서비스 이용당 의료비 지출의 기여도가 상대적으로 높지 않기 때문으로 판단된다.

지금까지의 분석 결과는 건강보험 진료비 지출 증가에서 지속적으로 가장 큰 문제로 인식되는 고령화가 의료비 지출 증가의 유일한, 또는 가장 중요한 요인이 아니라는 것을 보여준다. 건강보험 진료비 청구자료를 이용해 분석한 결과에 따르면, 의료서비스 이용당 진료비의 변화가 전체 진료비 지출 증가를 견인하는 가장 주요한 요인으로 확인된다. 또한 연령, 의료서비스 유형, 질병에 따라 건강보험 진료비 지출 증가를 견인하는 주요 원인과 기여 정도는 차별적으로 나타난다.

제1장

머리말

우리나라의 의료비 지출은 빠르게 증가하고 있다. 2019년 국내총생산(GDP) 대비 의료비 지출 규모는 8.2%로 OECD 국가 평균인 8.8%에 비해 낮은 수준이나, 다른 OECD 국가에 비해 빠른 의료비 지출 증가 추세를 나타낸다. 2019년 경상의료비[1] 지출의 증가율은 9.5%로 OECD 국가들의 평균 의료비 증가율 수준 5.6%를 상회한다(그림 1-1).[2]

의료비 지출이 빠르게 증가하면서 일련의 연구들은 건강보험 재정적자가 확대되면서 발생할 수 있는 재정의 지속가능성 문제를 제기하고 있다(홍석철, 2019; 국회예산정책처, 2021). 그동안 건강보험의 재정위기 대응은 건강보험료 인상 및 국고지원 확대를 포함한 재정수입 확충으로 이루어졌다.[3] 그러나 저성장 국면과 인구구조 변화에 따른 건강보험 부담, 급부의 세대 간 불균형, 건강보험료율 법정 상한 도래 등 여러 사회경제적 여건하에서 추가적인 재원 확보 여력은 감소하고 있다.

---

1 경상의료비란 보건의료 재화와 서비스에 대한 최종 지출 규모를 의미하며, 정부와 의무가입제도(자동차보험, 산재보험 등)에 의해 지출된 보건의료비와 개인의 직접의료비 지출, 민간의료보험 등 임의가입에 의해 지출된 보건의료비를 모두 포함하는 개념이다.

2 2022년 현재 가용한 가장 최근의 의료비 정보 시점은 2020년이다. 그러나 2020년은 COVID-19의 충격으로 의료서비스 이용 및 의료비 지출 양상이 추세에서 벗어난다. 따라서 본 연구에서는 비교의 기준으로 주로 2019년 시점의 정보를 이용한다.

3 2002년 「국민건강보험재정건전화특별법」을 제정하고 국고지원 확충을 통해 재정위기에 대응하였다.

[그림 1-1] GDP 대비 의료비 지출 비중의 변화

(단위: %)

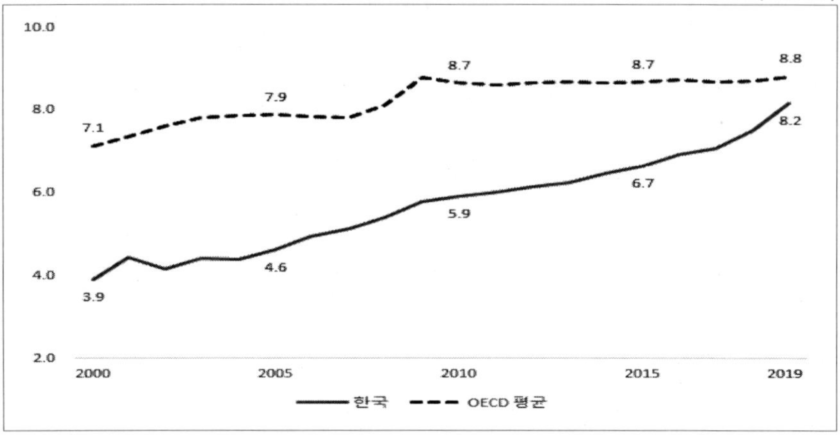

자료: OECD, *OECD Health Statistics*(https://data-explorer.oecd.org/, 최종접속일: 2022. 12. 1).

의료비 지출 증가는 국가 재정 전체에도 부정적인 영향을 미칠 수 있다. 건강보험은 국가 재정 외로 운영되고 있으나 실질적으로는 국가 재정으로 인식되고 있으며, 국고 보조의 형태로 연간 10조원 이상이 건강보험 재정에 투입되고 있다. 현재 건강보험 재정은 지출수준을 기준으로 수입을 결정하는 양출제입(量出制入) 방식으로 운영하는데, 지출에 대한 명확한 통제방법이 없는 상황에서 수입을 확충하기 위해서는 보험료 상승과 더불어 국고지원의 확대가 불가피하다. 건강보험 재정에 대한 국고지원의 지속적 확대는 다른 예산 분야에서 상응하는 수준의 충분한 투자를 구축해 사회 전체의 비효율을 가져올 수 있다.

건강보험 재정의 지속가능성 및 국가 재정 운영의 여유를 담보하기 위해서는 한정된 재원을 합리적으로 운영하기 위한 건강보험 재정지출 관리가 필요하다. 효과적인 재정지출 관리방안을 마련하기 위해서는 우선 재정지출 증가의 주요 원인에 대한 면밀한 이해에 바탕한 실효성 있는 정책대응 방안 마련이 필요하다. 그러나 의료비 지출 증가에 대한 우려와 지출 관리의 필요성에 대한 인식이 높아지는 것과 달리, 우리나라의 의료비 지출 증가를 견인하는 주요 원인에 대해서 명확히 합의된 바는 없다. 다른 국가의 연구에서도 인구 고령화와 소득의 증가, 의료보험제도의 변화 및 의료기술의 발전 등 다양한 요인들이 의료비 지출을 견인하는 주요 원인으로 지적되고 있으나, 일관된 결론에 이르지는 못하고 있다(Baumol, 1969; Phelps and Newhouse, 1972; Ginsberg, 2008). 국내의 연구들은 인구 고령화를 우리나라 의료비 지출의 주요 증가 원인으로 지목하였으나(정영호 · 고숙자, 2009; 정완교, 2009), 실제 고령화가 의료비 지출 증가의 주된 요인인지는 명확하지 않다. 인구 고령화 외에도 의료서비스 이용 양상의 변화가 의료비 지출에 주요하게 영향을 미치는 것으로 나타나며(건강보험공단, 2020), 정형선 · 송양민(2013)은 노인인구 규모의 변화보다 수가 및 진료 강도 변화가 노인 의료비 지출 증가에 미치는 영향이 크다는 점을 지적하였다. 인구 고령화가 의료비 지출 증가의 주요 원인임을 지적한 연구에서도 건강한 고령화(healthy aging)가 의료비 절감 효과가 있으며, 인구 고령화의 영향이 감소하고 있음을 밝히고 있다(신현웅 외, 2013; 이수연 외, 2015).

효과적인 재정지출 관리를 위해서는 어떤 요인이 건강보험 재정지출 증가를 주로 유발하는지에 대한 이해가 필요하다. 인구의 특성, 질병 유형의 변화, 의료기관 및 의료서비스 공급자의 특성 등 의료비를 구성하는 세부적 요인이 의료비 지출 증가에 미치는 영향을 확인하는 것은 건강보험 재정지출 관리를 위해 보다 구체적인 대응방안 마련을 위한 정보를 제공하고, 향후 우리나라 의료비 지출의 변화 양상 예측에도 도움이 될 수 있을 것이다. 본 연구는 중장기적 건강보험 재정지출 관리를 위한 기초자료로서, 건강보험 지출 증가에 영향을 미치는 주요 요인들을 확인하고자 한다. 그리고 요인별로 적용할 수 있는 재정지출 관리방안을 모색하고 제안하는 것을 목표로 한다.

이를 위해 본 연구는 우리나라의 의료비 지출 증가요인 분석을 다각도에서 수행한다. 제2장에서는 의료비 지출 증가요인 분석을 통해 우리나라의 의료비 지출 증가와 밀접하게 관련된 요인을 확인한다. 제3장에서는 건강보험 급여청구자료를 이용해 건강보험 재정지출을 의료서비스 가격과 의료서비스 이용량, 질병 유형의 변화와 인구구조 변화의 네 가지 요인으로 분해하고 각각의 변화 양상과 전체 의료비 증가에 기여한 정도를 확인하고자 한다. 또한 의료비 지출을 질병 유형별로 분류해 질병별 의료비 지출의 변화 양상을 확인하였다. 각각의 질병은 의학적 프로토콜(protocol), 기술수준 및 서비스 가격 등이 상이하나, 하나의 질병 안에서는 표준진료지침 등을 통해 일정 수준의 프로토콜이나 기술수준을 공유할 것이므로 의료비 지출 변화를 확인하는 데 질병별 차이를 고려할 수 있다는 장점이 있다.

국가별 패널 분석에서 주요 의료비 지출 증가요인은 소득의 증가, 인구 고령화, 의료기술의 발전으로 확인되며, 본 분석에서는 또한 공공의 재원 투입 확대가 의료비 지출 증가와 관련성이 높은 것으로 확인된다. 인구 고령화는 의료비 지출 증가를 견인하는 주요 요인으로 확인되나, 의료비 지출 증가요인 분석에서는 의료서비스 이용과 의료서비스 가격요인에 비해 의료비 지출 증가에 기여하는 정도가 크지 않은 것으로 확인된다. 2009년 대비 2019년의 건강보험 진료비 지출 증가 중 인구구조의 변화, 주로 인구 고령화가 기여하는 정도는 8% 수준으로 나타난다. 특히 최근으로 올수록 인구 고령화의 기여 정도는 하락하는 것으로 나타나는데, 전기 고령인구로 분류할 수 있는 75세 미만 고령인구 집단에서 의료서비스 이용량은 감소세를 나타내며 전체 의료비 지출 증가세 완화에 기여하고 있는 것으로 확인된다. 이러한 결과는 우리나라에서 건강한 고령화가 진행되고 있을 가능성을 시사하며, 고령화에 따른 의료비 지출 증가 부담을 완화하기 위해서 고령인구에 대한 예방적 대응 정책 강화가 필요함을 시사한다.

본 보고서는 다음과 같이 구성된다. 제2장에서는 국가별 패널 자료를 이용해 의료비 지출 증가의 주요 원인을 확인하고, 우리나라의 시계열 자료를 이용해 시기에 따라 의료비 지출 증가의 주요 원인에 변화가 있는지 여부를 확인한다. 제3장에서는 건강보험 진료비를 인구, 가격, 수량 요인별로 분해하고 각각의 요소가 의료비 지출 증가에 기여하는 정도를 확인한다. 마지막으로 제4장에서는 각각의 분석내용을 요약하고, 확인되는 주요 요인별 의료비 지출을 통제하기 위한 정책대응 방향에 대해 논의한다.

제2장

의료비 지출 결정요인 분석

효과적인 의료비 지출 관리방안을 마련하기 위해서는 의료비 지출 증가에 영향을 미치는 요인에 대한 이해가 필요하다. 본 장에서는 의료비 지출 결정요인에 대한 선행연구를 검토하고, 국가 단위의 패널 자료 분석과 우리나라의 시계열 자료 분석을 통해 의료비 지출의 주요 영향요인과 시기별 영향요인의 변화에 대해 논의하고자 한다.

소득의 증가, 의료보험 적용의 확대, 인구의 고령화, 의료기술의 발전 등 의료비 지출 증가에 영향을 미치는 요인은 다양하다. 여러 영향요인 중에서도 소득은 가장 주요한 영향요인으로 알려져 있다(Newhouse, 1977; 1987). 1990년대 이전 선진국을 대상으로 한 의료비 지출요인 분석에서 의료비 지출의 소득탄력성은 1에 가까운 값으로 확인된다(Hitiris and Posnett, 1992; Hoffmeyer and McCarthy 1994; Roberts, 1999). 다만, 선진국 내에서도 고령화의 정도, 의료체계 및 의료기술의 발달 정도에 따라 소득의 영향 정도는 차별적으로 나타나며, 최근으로 올수록 의료비 지출에 대한 소득의 영향은 감소하고 있다(Baltagi *et al.*, 2017).

의료기술의 발전은 의료비 지출 증가를 설명하는 또 다른 주요한 요인이다(Newhouse, 1992; Zweifel *et al.*, 1999; Cutler, 2004). 특히 Zweifel *et al.*(1999)은 소득과 의료기술의 발전 외 다른 요인들, 예컨대 의료비 지출 증가의 주요 원인으로 생각하는 고령화 등이 의료비 지출 증가에 미치는 영향은 미미하다고 밝히고 있다. 그러나 최근의 미시 수준의 연구에서는 단순히 의료기술의 발전이 의료비 지출 증가로 직결되는 것은 아니며, 의료보험의 적용 여부 및 지불제도에 따른 의료 소비자와 공급자의 행동 변화에 따라 의료기술의 발전이 의료비 지출 증가로 이어지는 것을 확인하고 있다(Chandra and Skinner, 2012).

고령화의 심화는 의료비 지출 증가의 주요 영향요인으로 인식된다. 그러나 단순히 고령인구 규모의 증가나 연령의 증가가 의료비 지출 증가로 이어지는 것은 아니며, 고령인구의 건강 상태(morbidity), 사망 전 기간이 의료비 지출 증가와 연관성이 있다(Zweifel *et al.*, 1999; Howdon and Rice, 2018). 따라서 최근의 연구들에서는 고령화가 의료비 지출 증가에 미치는 영향이 크지 않은 것으로 추정되는데, 영향력이 감소하는 주된 원인은 고령인구의 건강 상태 개선 때문으로 설명된다(Cutler *et al.*, 2013).

선행연구들의 내용을 요약하면 주요 의료비 지출 결정요인은 소득의 증가, 고령화, 의료기술의 발전이다(Gerdtham and Jönsson, 2000). 다만, 선행연구들은 대체로 2000년대 이전의 연구 결과이며, 이 시기의 의료기술의 발전이나 고령화 수준은 현재와 현격한 차이가 있다. 또한 각 국가마다 의료비 지출 증가에 대응하기 위한 정책적 노력을 지속해왔다. 따라서 최근의 의료비 지출 증가의 주요 영향요인은 2000년대 이전과 차별적일 수 있으므로, 제1절에서는 2000년대 이후의 국가별 의료비 지출 변화를 분석하고, 선행연구에서 확인되는 영향요인과 최근 분석 결과의 차이점을 살펴보고자 한다.

제1절 의료비 지출 결정요인 패널 분석

분석을 위해 *OECD Health Statistics*와 국가별 정보를 이용해 2005년부터 2019년까지 OECD 38개국[4]의 의료비 지출 패널 자료를 구축하였다.[5] 선행연구에서 확인되는 주요 지출 결정요인과 국가별 의료체계를 반영

<표 2-1> 국가별 의료비 지출 패널 자료 변수

유형	변수	변수의 내용
	HE per capita	국민 1인당 경상의료비 지출(2010년 물가지수 적용)
소득	GDP per capita	국민 1인당 GDP(2010년 물가지수 적용)
	Unemployment rate	실업률
	GDP growth rate	GDP 성장률
인구요인	r_65	65세 이상 인구 비중
	r_75	75세 이상 인구 비중
	death_r	인구 10만명당 사망률
	life_exp	출생 시 기대수명
의료체계	Share_H	국가 재정지출 중 보건의료 지출 비중
	Share_public	전체 의료비 중 공적 지출 비중
	beds	인구 천명당 병상 수
	num_physician	인구 천명당 의사 수
	visits	1인당 내원일수
기술 변화	Share_CT	인구 백만명당 CT 보급률
	Share_MRI	인구 백만명당 MRI 보급률

자료: *OECD Health Statistics*와 국가별 정보를 이용한 저자 구축 자료.

하기 위해 구축한 변수들은 <표 2-1>과 같다.

GDP per capita는 국민 1인당 GDP 변수이다. 다수의 선행연구에서 소득수준은 의료비 지출의 가장 주요한 결정요인으로 확인된다. 소득수준 변수를 통제해 소득수준 변화에 따른 의료비 지출 변화를 나타내는 의료비 지출 소득탄력성 정도를 확인할 수 있다. 소득 외 경기변동은 의료서비스 이용과 근로자를 중심으로 한 인구의 건강에 영향을 미칠 수 있다(Ruhm, 2000; 2003). 본 연구에서는 연도별 고정효과와 국가별 고정효과를 통제해 각 연도별, 국가별 경기변동을 일정 부분 통제하고자 하였다.

4 분석에 포함된 국가는 호주, 오스트리아, 벨기에, 캐나다, 칠레, 콜롬비아, 코스타리카, 체코, 덴마크, 에스토니아, 핀란드, 독일, 그리스, 헝가리, 아이슬란드, 아일랜드, 이스라엘, 이탈리아, 일본, 대한민국, 라트비아, 리투아니아, 룩셈부르크, 멕시코, 네덜란드, 뉴질랜드, 노르웨이, 폴란드, 포르투갈, 슬로바키아, 슬로베니아, 스페인, 스웨덴, 스위스, 튀르키예, 영국, 미국의 38개국이다.

5 2020년과 2021년은 COVID-19의 영향으로 국가별 의료비 지출에 유의한 변화가 발생한 해이므로 분석에서 제외한다.

또한 그 외 의료서비스 이용에 영향을 미칠 수 있는 실업률의 변화와 GDP 성장률의 변화를 통제해 경제 상황이 의료비 지출에 미치는 영향을 확인하고자 하였다.

인구요인이 의료비 지출에 미치는 영향을 확인하기 위해 고령인구의 비중과 출생 시 기대수명 변수를 분석에 포함한다. 본 분석에서는 65세 이상 인구 비중(r_65)과 본격적인 의료서비스 수요가 발생하는 75세 이상 고령인구의 비중(r_75)을 나누어, 고령화의 심화가 의료비 지출 증가에 미치는 영향을 확인한다. 최근의 연구에 따르면, 전체 고령인구의 비중 증가가 아닌 고령자의 건강 상태 및 사망 전 의료 이용 양상이 의료비 지출 증가에 영향을 미치는 것으로 알려져 있다(Hazra *et al*., 2018). 따라서 본격적인 건강 저하와 의료서비스 이용이 발생하는 75세 이상 고령인구의 비중을 별도로 확인하였다. 또한 인구 전체의 건강수준을 반영하기 위해 출생 시 기대수명과 사망률을 분석에 포함하였다.

선행연구에서는 의료비 지출 영향요인들을 통제한 후 설명되지 않는 부분을 의료기술의 발전에 따른 의료비 지출 증가로 간주한다. 본 분석은 의료기술의 변화에 따른 의료기기 도입 정도의 정보를 확인할 수 있는 시기를 분석대상으로 하므로, 자기공명영상장치(MRI) 및 컴퓨터단층촬영(CT) 도입 정도를 의료기술 발전을 반영하는 변수로 통제하였다.

마지막으로 본 분석에서는 의료비 지출 중 공공의 역할 정도를 전체 의료비 중 공적 지출 비중과 국가 재정지출 중 보건의료 부문 지출 비중을 이용해 통제하였다. 이는 국가별 의료체계의 차이를 반영할 수 있으며, 국가의 역할 정도의 변화를 반영할 수 있다는 장점이 있다. 기존 연구에서는 의료체계 내 주된 수가체계나 강제 의료보험 여부 등을 통제변수로 활용하였으나 최근에는 이러한 제도에 뚜렷한 변화가 없으므로, 패널 분석에서 이용하기에 적합하지 않다. 보다 구체적으로 공공부문의 역할 정도를 확인하기 위해서는 공공병원의 병상 비중 등 보다 직접적인 변수를 통제하는 접근방법이 필요할 것이나, 이는 향후의 과제로 남겨둔다. 이 외 의료체계의 특성을 반영하기 위해 인구 천명당 병상 수와 의사 수를 통제변수로 포함하였다. <표 2-2>는 분석에 포함된 변수들의 기

<표 2-2> 기초통계량

변수	관측치	평균 (표준편차)
• 인구 1인당 연간 경상의료비(US $)	570	3,331.0 (1,716.21)
▮경제 지표		
• 인구 1인당 GDP(US $)	570	39,327.9 (17,255.68)
• 경제성장률(%)	570	2.3 (3.25)
• 실업률	556	7.61 (4.03)
▮인구 지표		
• 65세 이상 인구 비중(%)	570	15.5 (4.33)
• 75세 이상 인구 비중(%)	570	7.1 (2.3)
• 사망률(인구 10만명당)	540	913.4 (189.85)
• 기대수명	570	79.7 (2.92)
▮의료자원		
• 의사 수(인구 천명당)	435	3.25 (0.73)
• 병상 수(인구 천명당)	550	4.8 (2.56)
• CT(인구 백만명당)	464	22.2 (14.30)
• MRI(인구 백만명당)	435	12.8 (9.20)
▮정부와 공공부문		
• 경상의료비 대비 공적의료비 지출 비중(%)	570	72.9 (9.37)
• 정부 재정지출 중 보건의료 부문 지출 비중(%)	490	14.59 (3.15)

자료: *OECD Health Statistics*와 국가별 정보를 이용한 구축 자료.

초통계량을 나타낸다.

분석식은 수식 (2-1)과 같다.

$$\log(HEcap) = \beta_0 + \beta_1 \log(GDPcap) + \gamma X + \delta t + \alpha_i + \epsilon \quad (2\text{-}1)$$

$HEcap_{it}$는 국가 i의 t년도의 국민 1인당 의료비 지출, $GDPcap_{it}$는

국민 1인당 GDP를 나타낸다. 각 값은 2010년 물가를 기준으로 조정하였다. X_{it}는 의료비 지출에 영향을 미칠 수 있는 변수들의 벡터이다. 국민 1인당 GDP 외에 국민의 건강수준에 영향을 미칠 수 있는 경제 상황을 반영하기 위한 경제성장률과 실업률, 인구 특성을 반영하기 위한 65세 이상 인구 비중과 기대수명, 국가별 의료자원 수준의 지표로 병상 수, 의사 수, CT 보급률, 정부와 공공부문의 보건의료에 대한 투자수준을 반영하기 위한 전체 의료비 중 공적 의료비 비중과 정부의 재정지출 중 보건의료 부문 지출 규모가 포함된다. 국가별로 관측되지 않는 이질성(unobserved heterogeneity)을 통제하기 위해 고정효과모형(fixed-effect model)을 이용해 분석하였다.

분석 결과는 <표 2-3>과 같다. (1)~(4)까지 각각의 모형은 경제 지표와 인구, 의료자원, 정부와 공공부문의 보건의료 지출에 대한 통제를 각각 추가한 분석 결과를 나타낸다.[6] 모형 (4)는 선행연구들과 가장 유사하게 국가의 경제 상태, 인구 구성, 의료자원 및 의료제도를 모두 통제한 결과이다.

모든 모형에서 의료비 지출의 소득탄력성은 통제변수에 따라 크기에 차이는 있으나, 1보다 유의하게 작다. 모형 (4)에서 추산된 의료비 지출의 소득탄력성 값은 0.406으로, 2000년대 이전의 과거 연구 결과들에서 소득탄력성 수준이 0.7~0.8 또는 1보다 큰 값이었던 것에 비해 낮은 수준이다. 이는 최근 선진국일수록 의료비 지출의 소득탄력성이 감소하는 것으로 나타나는 결과와 일치하며(Baltagi *et al.*, 2017), 소득은 여전히 가장 주요한 의료비 지출 증가 영향요인이지만 영향 정도의 크기는 최근 낮아진 것으로 판단된다.

실업률은 경제 상황을 나타내는 주요 지표이다. 일반적인 통념은 경제 상황이 나쁠수록 건강이 나빠진다는 것이다. 그러나 선행연구들은 통념과 반대의 결과들을 제시하는데, 가장 극단적인 건강 지표인 사망은 오

---

6 75세 이상 초고령층 인구의 비중을 통제한 결과는 65세 이상 고령층 인구 비중을 통제한 결과와 비교해 추정계수의 크기의 변동은 있으나 큰 질적 차이는 확인할 수 없다. 75세 이상 인구 비중을 통제한 결과는 부록의 <부표 1>에 제시하였다.

<표 2-3> 국가별 의료비 지출 패널 분석 결과

종속변수	(1)	(2)	(3)	(4)
	log(인구 1인당 연간 경상의료비 지출)			
log(1인당 GDP)	0.808*** (0.0606)	0.655*** (0.0743)	0.312*** (0.0906)	0.406*** (0.0906)
log(실업률)	0.0102 (0.0141)	-0.0138 (0.0165)	-0.0650*** (0.0185)	-0.0354* (0.0192)
log(65세 이상 인구 비중)		0.348*** (0.101)	0.502*** (0.104)	0.366*** (0.106)
기대수명		0.0174** (0.00722)	0.0477*** (0.00689)	0.0420*** (0.00853)
인구 백만명당 CT(로그값)			0.0917*** (0.0239)	0.104*** (0.0246)
인구 천명당 병상 수(로그값)			0.270*** (0.0407)	0.179*** (0.0446)
인구 천명당 의사 수(로그값)			-0.110 (0.0846)	-0.0773 (0.0891)
경상의료비 중 공적 지출 비중				0.0595 (0.0588)
정부 재정지출 중 보건의료 분야 지출 비중				0.356*** (0.0705)
연도 추세	0.00986*** (0.000969)	0.00172 (0.00227)	-0.00206 (0.00254)	-0.00346 (0.00272)
상수항	-20.36*** (1.566)	-4.660 (4.251)	3.285 (4.787)	4.727 (5.007)
관측치	556	556	365	328
R-squared	0.683	0.692	0.800	0.826
분석 국가 수	38	38	30	27

주: 1) ***p<0.01, **p<0.05, *p<0.1을 나타냄. 괄호 안은 표준오차를 나타냄.
2) 분석모형 (3)에서는 칠레, 콜롬비아, 코스타리카, 그리스, 포르투갈, 슬로바키아, 튀르키예(이상 의사 수), 스웨덴(CT 보급률)이 변수 누락으로 제외됨. 분석모형 (4)에서는 캐나다, 멕시코, 뉴질랜드가 정부 재정지출 중 보건의료 부문 지출 변수 누락으로 추가적으로 분석에서 제외됨.

자료: *OECD Health Statistics*와 국가별 자료를 이용한 저자 구축 자료.

히려 경기순응적(procyclical)인 것으로 나타난다. 특히 Ruhm(2000)은 실업률이 증가할 때, 자살을 제외한 다수의 질병 사망률이 감소하는 것을 보였다. 사망뿐만 아니라 실업률의 증가가 질병 발생 및 의료서비스 이용 감소로 이어지는 것을 보인 연구 결과들도 있다(Ruhm, 2003; Charles and DeCicca, 2008). 본 분석의 결과에서는 실업률이 1%p 상승할 때 의료비 지출이 0.03%p 감소하는 것으로 나타나, 선행연구들과 일치하는 결과를 보인다. 그러나 이러한 의료비 지출 감소가 건강 개선에만 의한 것으로 판단하는 데는 유의할 필요가 있다. 실업의 증가에 따른 소득의 하락으로 의료접근성에 제약이 발생했을 가능성과 그에 따른 의료비 지출 변화를 완전히 배제할 수는 없기 때문이다.

기대수명의 증가와 65세 이상 인구 규모의 증가로 대변되는 인구의 고령화는 국민의료비 지출 증가의 주요 기여요인으로 확인된다. 소득수준을 비롯해 의료자원, 공공부문을 통제한 이후에도 전체 인구 중 65세 이상 인구 비중의 1%p 증가는 인구 1인당 경상의료비 지출의 0.366%p 증가로 이어진다.[7] 출생 시 기대수명이 1세 증가할 때 인구 1인당 경상의료비 지출은 0.042%p 증가하는 것으로 나타난다.

의료자원은 의료서비스 이용방식을 결정하고 그에 따라 의료비 지출에 영향을 미칠 수 있는 변수이다. 본 분석에서는 여러 의료자원 중 인구 천명당 병상 수와 의사 수, 그리고 인구 백만명당 CT(Computed Tomography) 보급률이 의료비 지출 증가에 미치는 영향을 확인하였다. 뢰머의 법칙(Roemer's Law)은 "병상은 스스로 환자를 창출한다(hospital beds that are built tend to be used)"라는 말로, 병원의 병상 공급이 병원서비스 이용의 증가와 밀접한 관련성이 있음을 설명했다. 실증분석들은 이러한 뢰머의 법칙을 뒷받침하는데, 병원의 병상 공급 증가는 입원율을 높이거나(Delamater et al., 2013), 입원율은 높이지 않더라도 입원기간을 늘려(van Doorslaer and van Vliet, 1989), 의료비 지출 증가로 이어질 수 있음을 설명한다. 국가별 패널 자료를 분석한 결과에서 인구 천명당 병상 수가 1%p 증가할 때, 국민 1인당 경상의료비 지출은 0.179%p 증가하며 결과는 유의한 것으로 나타나, 병상 공급의 증가와 의료비 지출 증가 간 관련성이 확인된다. Grossman(1972)은 의료기술의 발전을 의료비 지

---

7 의료서비스 이용이 보다 집중되는 75세 이상 인구 비중의 1%p 증가는 국민 1인당 경상의료비 0.456%p 증가로 이어져 65세 이상 인구 비중보다 의료비 지출 증가와 관련성이 더욱 높다. 분석 결과는 <부표 1>을 참조하라.

출 증가의 주요 원인으로 지적하였는데, 고가 의료장비인 CT의 보급률 상승은 의료비 지출 증가와 유의한 양의 관계를 갖는 것으로 분석 결과 확인된다. 반면, 의료체계의 가장 핵심적인 자원인 의사 인력의 규모 증가는 의료비 지출 증가로 이어진다는 뚜렷한 증거를 확인할 수 없었으며, 유의하지는 않으나 음의 상관관계가 있는 것으로 분석 결과에서 확인된다.

경상의료비 중 공적 지출의 비중, 우리나라 기준 건강보험 보장률은 의료비 지출의 증가와 양의 상관관계를 보이나 결과는 통계적으로 유의하지 않다. 반면, 정부의 재정지출 중 보건의료 분야 지출의 비중은 1%p 증가 시 인구 1인당 의료비 지출은 0.356%p 증가하는 것으로 확인된다.

제2절 우리나라의 의료비 지출 변화 분석

앞선 절에서 수행한 국가별 패널 분석은 국가별 제도적·환경적 이질성을 통제한 결과이다. 그러나 다른 국가에 비해 경제적·제도적으로 급격한 변화를 경험한 우리나라의 요인별 의료비 지출 영향요인은 OECD 국가의 평균적인 양상과 다를 수 있다. 우리나라는 1977년 7월 500인 이상 사업장 근로자에 대한 의료보험 강제 적용을 시작으로 1989년 7월 전국민 의료보험을 달성하고 2000년 조합 단위의 의료보험을 하나의 건강보험으로 통합되는 등 짧은 시간 동안 다양한 변화를 경험하였다(그림 2-1). 동시에 건강보험의 보장 영역이 지속적으로 확대되었으며 의료기술의 빠른 변화 또한 동반되면서 경상의료비 지출은 빠른 증가세를 나타내고 있다(그림 2-2).

본 절에서는 우리나라 의료비 지출 변화의 시기별 분석을 통해 우리나라 의료비 지출 변화의 주요 영향요인을 검토하고 다른 OECD 국가를 대상으로 한 분석 결과와 차별점이 있는지 여부를 확인하는 것을 목표로 한다.

[그림 2-1] 국민건강보험 적용 인구 변화

(단위: 천만명)

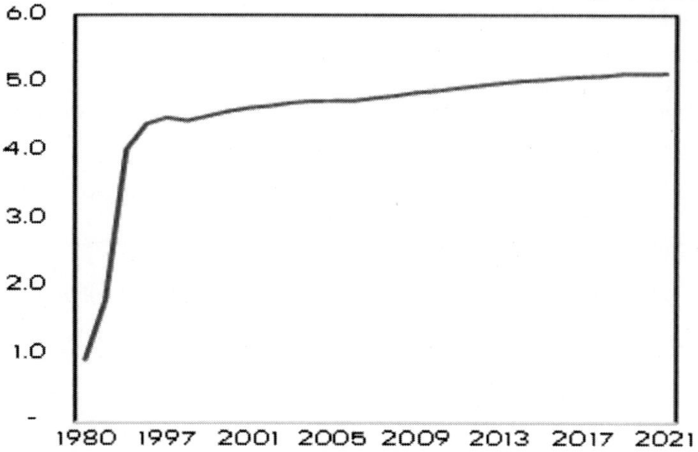

자료: 보건복지부, 「국민보건계정 보고서」, 2021.

[그림 2-2] 경상의료비 지출 변화

(단위: GDP 대비 비율, %)

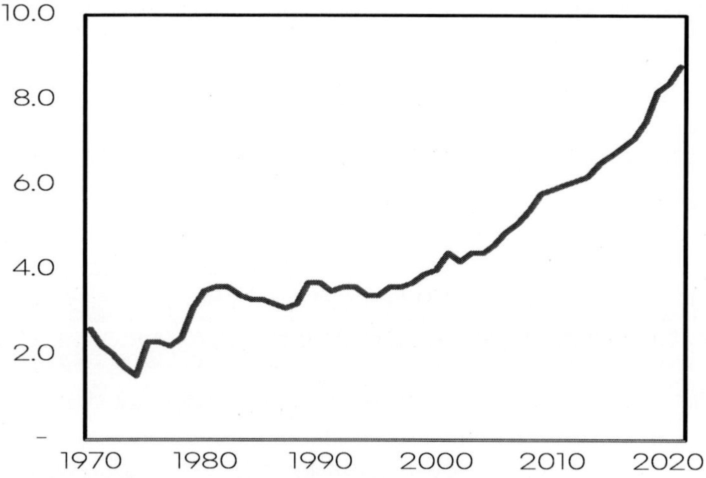

자료: 국민건강보험공단, 『건강보험통계연보』, 각년도.

분석을 위해 국민보건계정과 『의료보험연보』, 『건강보험통계연보』 및 의료보험조합연합회의 내부자료를 활용하여 1970년부터 2021년까지 우리나라의 의료비 지출과 관련 변수의 연도별 자료를 구축하였다. 의료비와 소득은 2020년 기준 물가지수를 적용해 조정한 수치이다. 국가별 패널 분석과 분석기간을 다르게 설정하면서 의료기술 도입의 지표로 활용한 CT와 MRI 도입 정도 변수는 불가피하게 누락되었다. 국내에서 CT 이용 통계는 1993년, MRI 이용 통계는 1992년부터 가용하다. 변수의 누락으로 다른 OECD 국가와 직접적인 비교의 제약은 있으나, 전국민 건강보험 도입 전후 주요 변수들의 의료비 지출과의 관계를 살펴볼 수 있다는 데 의미가 있다고 판단하여 일부 변수는 누락된 분석을 수행하였다.

<표 2-4>는 구축 자료의 시기별 기초통계량을 나타낸다. 1989년 전국민 의료보험 도입 이전과 이후의 우리나라 의료체계와 의료서비스 이용에는 큰 격차가 존재한다. 전국민 의료보험 도입 이전에 비해 도입 이후 국민 1인당 평균 의료비 지출은 연평균 15만원에서 145만원 이상으로 증가하였다. 인구 천명당 의사 수 및 병상 수와 같은 의료자원 규모가 확대되고 정부 지출 중 보건의료에 대한 지출 비중 또한 세 배 이상 증가하였다.

분석에는 국민 1인당 GDP, 65세 이상 인구 비중, 실업률, 인구 천명당 병상 수와 의사 수, 국가 재정지출 중 보건의료 분야 지출 비중을 통제하였다. 시계열 자료의 특성상 자기상관의 가능성을 고려해 오차항은 AR(1)을 가정하였다. 또한 자기상관 외에도 의료비 지출 변화의 추세에 따른 영향을 반영하기 위해 연도 추세를 통제하였다. 분석모형은 식 (2-2)와 같으며, 자료를 이용해 분석한 결과는 <표 2-5>와 같다.

$$y_t = \beta_0 + \beta_1 X_t + \gamma t + u_t, \qquad t = 1, 2, \cdots n \tag{2-2}$$

<표 2-5>의 열 (1)은 1970년부터 2021년까지 52년간의 시계열을 분석한 결과이다. 분석 결과에 따르면, 우리나라의 의료비 지출 변화를 설명하는 가장 주요한 요인은 소득수준이다. 의료비 지출의 소득탄력성은 0.88로 나타나며, 분석기간의 차이는 있으나 0.7~0.8 수준을 보이는 기존

<표 2-4> 기초통계량

변수	1970~2021년	1970~88년 (전국민 의료보험 도입 이전)	1989~2021년 (전국민 의료보험 도입 이후)
인구 1인당 의료비 지출 (단위: 만원)	977,036.51 (952,804.67)	150,080.55 (91,295.222)	1,453,162.7 (895,748.7)
인구 1인당 GDP (단위: 천만원)	1,834.26 (1,216.29)	507.458 (246.753)	2598.186 (822.22)
65세 이상 인구 비중(%)	7.35 (3.88)	3.763 (0.492)	9.415 (3.44)
75세 이상 인구 비중(%)	2.59 (1.79)	1.062 (0.194)	3.474 (1.694)
인구 천명당 의사 수	1.328 (0.638)	0.689 (0.134)	1.695 (0.508)
인구 천명당 병상 수	4.849 (4.158)	1.083 (0.585)	7.017 (3.754)
실업률(%)	3.581 (0.982)	3.968 (0.592)	3.358 (1.018)
정부 지출 중 보건의료 지출 비중(%)	7.34 (4.345)	2.951 (1.823)	9.946 (3.115)
관측치 수	52	19	33

주: 1) 괄호 안의 수치는 표준편차를 나타냄.
2) 의료비 지출과 소득수준은 2020년 물가지수를 이용해 조정한 수치임.
자료: 국민보건계정과 『의료보험연보』, 『건강보험통계연보』 및 의료보험조합연합회 내부자료를 이용해 저자 구축.

연구들과 유사한 수치를 보인다. 만 65세 이상 인구 비중을 이용한 고령화 정도는 의료비 지출 증가와 유의한 상관관계를 나타낸다. 소득과 고령화 외 의료비 지출 증가와 유의한 관계를 나타내는 변수는 정부의 재정지출 중 보건의료 부문에 대한 지출이다. 정부 재정지출 중 보건의료 부문에 대한 지출이 1%p 증가할 때 국민 1인당 경상의료비 지출은 0.576%p 증가하며, 이는 통계적으로 유의하다.

시기별로 경상의료비 지출 증가의 주요 영향요인은 뚜렷한 차이를 나타내며, 특히 소득의 영향이 큰 폭으로 변화하고 있다. 전국민 건강보험이 도입되기 이전 시기인 1970년부터 1988년을 분석한 결과에서 의료비 지출의 소득탄력성은 2 이상으로 의료서비스 이용은 사치재였던 것으로

<표 2-5> 우리나라 의료비 지출 변화요인 분석

변수	종속변수: log(국민 1인당 연간 경상의료비 지출)		
	1970~2021년	전국민 의료보험 도입 이전	전국민 의료보험 도입 이후
	(1)	(2)	(3)
log (국민 1인당 GDP)	0.884*** (0.0962)	2.126*** (0.164)	0.567*** (0.0378)
65세 이상 인구 비중 로그값	1.625** (0.648)	2.169* (1.106)	0.369 (0.358)
실업률 로그값	0.0382 (0.0423)	0.562** (0.188)	-0.00734 (0.0155)
인구 천명당 병상 수 (로그값)	-0.193 (0.234)	0.601* (0.276)	-0.00242 (0.0901)
인구 천명당 의사 수 (로그값)	0.351 (0.333)	2.146*** (0.437)	0.232 (0.183)
정부 재정지출 중 보건의료 부문 비중(로그값)	0.576*** (0.140)	-0.0907 (0.156)	0.220** (0.0885)
year	-0.0211 (0.0497)	-0.356*** (0.0441)	0.0311** (0.0133)
Constant	45.05 (96.67)	703.4*** (87.16)	-54.35** (26.09)
Observations	51	19	32

주: 1) ( ) 안은 Newey-West 표준오차를 나타냄.
2) ***p<0.01, **p<0.05, *p<0.1.
자료: 저자 구축 자료.

평가할 수 있다. 또한 고령화와 병상 수 증가 및 의사 수 증가와 같은 의료자원의 변화가 이 시기 의료비 지출 증가의 주요한 영향요인으로 나타난다.[8] 그러나 전국민 건강보험 도입 이후 시기인 1989년부터 2021년까지의 분석 결과는 이전 시기와 뚜렷한 차이를 나타낸다. 이 시기 의료비 지출의 소득탄력성은 큰 폭으로 하락해 0.56 수준이며 의료서비스 이용은 더 이상 사치재가 아닌 필수재로 분류된다. 의료보험 도입으로 소득의 변동이 있더라도 과거 보험이 없던 시기에 비해 의료서비스 접근성이 큰 폭으로 개선된 점이 의료비 지출의 소득탄력성 변화에 주요하게 영향

8 이 시기의 분석 결과는 1970년부터 1988년까지 19개의 관측치에 한정되는 분석이라는 한계가 있다.

을 미쳤을 것으로 판단할 수 있다. 우리나라는 빠른 속도로 고령화가 진행되고 있으나 전국민 의료보험 도입 이후 분석 시기로 한정했을 때 고령화 정도가 의료비 지출에 미치는 영향은 양의 추정계수를 나타내나 통계적으로 유의하지 않다. 병상과 의사 수의 변화 또한 의료비 지출과 유의한 관계를 확인할 수 없는 반면, 여전히 정부 재정지출 중 보건의료 부문의 비중 확대는 우리나라 의료비 지출 증가와 밀접한 관련이 있는 것으로 분석 결과 확인된다.

정부의 보건의료 분야에 대한 재정지출 확대가 의료비 지출 증가와 높은 연관성을 보이는 것은 정부의 재정투자를 통한 의료접근성의 개선에 기인하는 측면이 있다. 보건의료의 공공성 강화를 위한 공공병원 건립 및 투자, 보건의료산업 육성 및 암, 희귀질환 등에 대한 지원 강화 등은 의료접근성을 개선하고 그에 따라 의료비 지출 증가로 이어질 수 있다. 동시에 국민의료비 지출의 증가로 정부의 보건의료 분야 재정투자가 증가하는 역인과관계가 존재한다. 정부의 보건의료 분야 재정지출 중 70% 이상은 건강보험에 대한 재정지출(국고지원)이 차지한다. 2003년 건강보험의 재정 악화에 대한 대응으로 건강보험 재정에 대한 국고지원을 법제화하였는데, 양출제입 방식으로 운영되는 건강보험 재정지출의 특성상 건강보험 재정지출의 확대, 즉 의료비 지출의 확대는 건강보험 국고지원의 자동적 증가로 이어진다. 전국민 의료보험제도가 도입되기 이전의 정부의 보건의료 분야 재정지출에 비해 전국민 의료보험제도가 도입된 이후 정부 재정지출 중 보건의료 부문 지출 증가가 유의한 관련성을 나타내는 것은 이러한 가능성을 뒷받침한다.

제3장

건강보험 진료비 지출 증가 기여도 분석[9]

국가별 패널 자료와 우리나라의 시계열 자료 분석을 통해 의료비 지출 증가 영향요인을 분석한 결과에 따르면, 소득의 증가와 인구 고령화, 정부의 보건의료 분야에 대한 재정투자 등이 의료비 지출 증가와 높은 연관성을 갖는 것으로 확인된다. 본 장에서는 건강보험 급여청구자료를 이용해 앞선 분석 결과에서 확인된 의료비 지출 증가의 주요 영향요인의 변화를 보다 자세히 살펴보고자 한다. 이를 위해 건강보험 급여 지출을 의료서비스 이용량, 의료서비스 가격 그리고 인구요인으로 분해하고, 각 요인의 변화가 의료비 지출 변화에 기여하는 정도를 분석한다. 분석 결과를 바탕으로 어떤 요인이 의료비 지출 증가를 주도하고 있는지, 건강보험 재정지출에 기여하는 주요 요인이 시간에 따라 어떻게 변화하는지 확인하고자 한다.

동일한 결과를 가져오는 변화라도 변화를 주도하는 요인에 따라 정책적 개입의 가능성은 달라진다. 예컨대, 의료서비스 수요의 증가에는 소득 증가와 의료서비스 가격 변화가 영향을 미칠 수 있는데, 소득의 증가에 따른 개인의 건강에 대한 선호 변화와 그에 따른 의료 수요 증가에는 정책적 개입의 여지가 적다. 그러나 의료서비스 가격 변화에 의한 의료서

---

9 본 장의 연구는 공용기관생명윤리위원회의 승인(승인번호: P01-202203-01-0230)을 받았음을 밝힌다.

비스 수요 변화는 정부와 보험자(국민건강보험공단)의 정책대응, 예컨대 수가나 급여 범위의 조정과 같은 대응을 통해 수요 증가에 대응할 수 있을 것이다. 이러한 정책대응 가능성의 차이를 염두에 두고 본 연구는 의료비 지출 증가의 영향요인의 변화를 살펴보고 요인별 의료비 지출 증가 대응 정책방안을 검토하고 제시하는 것을 목표로 한다.

제1절 지표의 정의 및 분석 자료

본 절에서는 건강보험 재정지출을 요인별로 분해하고 각 요인이 의료비 지출 증가에 기여하는 정도를 산출해, 의료비 지출 증가를 견인하는 주요 요인을 확인한다. 또한 연도별로 각 요인이 기여하는 정도의 변화를 확인하고, 이를 통해 건강보험 재정지출 증가 대응 영역의 우선순위에 대한 시사점을 모색하고자 한다.

건강보험 급여 의료비 지출[10]을 Dunn, Shapiro, and Liebman(2014)에서 이용한 방법론을 차용해 ① 의료서비스 가격, ② 의료서비스 이용량, ③ 각 질병의 유병률(prevalence), ④ 인구구조 변화의 네 가지 요인으로 분해한다. 우선 건강보험 급여 의료비 지출을 총량 수준에서 의료서비스 이용량(이하 수량요인), 의료서비스 이용 비용(이하 가격요인)과 인구요인으로 분해해 각 요인이 의료비 지출 증가에 기여하는 정도를 확인한다.

서비스 가격이나 서비스 이용 정도는 질병 유형이나 의료서비스 유형에 따라 차이가 있다. 따라서 전체 의료비 지출 변화만으로는 세부적인 의료비 지출의 변화 양상을 이해하기 어렵다. 특히 각각의 질병은 의학적 프로토콜(protocol), 기술수준 및 서비스의 가격 등이 상이하나, 하나의 질병 내에서는 일정 수준 이를 공유할 것이므로 질병별로 의료비 지출 변화를 확인하는 것이 각 요인의 영향을 명확히 이해하는 데 도움이 될 수 있다. 또한 의료서비스 유형 또는 의료기관 종별에 따라서도 주로 다

10 본 연구에서 언급하는 건강보험 급여 의료비 지출은 건강보험공단 부담금과 법정본인부담금을 포함한다.

루는 질병이나 이용하는 의료기술의 수준에 체계적 차이가 있으므로, 의료비 지출을 유형별로 분류해 한 유형 내 공통된 변화를 배제한 요인의 변화를 확인할 수 있을 것으로 기대한다. 따라서 본 절에서는 건강보험 의료비 지출을 연령, 의료서비스 유형, 질병별로 나누어 각 요인의 기여도 분석을 수행한다.

1. 지표의 정의

본 소절에서는 의료비 지출 증가를 요인별로 분해하는 데 이용한 지표를 설계한 방법을 소개한다. t년도에 질병 d를 치료하기 위한 인구 일인당 의료비 지출을 $C^*_{d,t}$, 기준연도($t=0$)에 질병 d를 치료하기 위한 인구 일인당 의료비 지출을 $C^*_{d,0}$로 정의하자. 질병 d의 인구 일인당 의료비 지출 증가율 지수는 다음과 같이 나타낼 수 있다.

$$ECI_{d,t} = \frac{C^*_{d,t}}{C^*_{d,0}} \tag{1}$$

의료비 지출 중 인구구조의 변화, 주로 고령화로 인한 의료비 지출 증가를 구분하기 위해 기준연도($t=0$)와 성별, 1세 단위 연령별 인구구조가 동일하도록 가중치를 적용해 인구구조를 동일하게 고정한 의료비 증가율 지표를 정의한다. $C_{d,t}$는 t시점의 인구 구성을 기준연도 $t=0$의 인구 구성과 동일하도록 조정하였을 때 t시점의 질병 d의 인구 일인당 의료비 지출을 나타낸다.[11] 기준연도인 $t=0$ 시점에서 $C^*_{d,0}$는 $C_{d,0}$와 동일한 값을 갖는다.

---

11 성별, 연령별 인구 구성의 변화에 의해 발생하는 의료비 지출의 변화를 확인하기 위해 기준연도와 인구 구성비가 동일하도록 성별, 1세 단위 연령별로 가중치를 적용한다. 예를 들어 2010년 20세 여성 인구의 구성비가 기준연도에 비해 0.5% 감소했다면, 기준연도와 동일한 인구 구성 비율을 맞추기 위해 2010년 20세 여성인구 집단에 1.005의 가중치를 적용한다.

$$DECI_{d,t} = \frac{C_{d,t}}{C_{d,0}} \tag{2}$$

$ECI_{d,t}$는 인구 변화를 보정하지 않은 실제 건강보험 급여 의료비 지출의 변화를 나타내고, $DECI_{d,t}$는 기준연도 인구의 성별, 연령별 구성과 t년도의 인구 구성이 동일하게 유지되었다는 가정하에 산출한 건강보험 급여 의료비 지출의 변화이다. 이 둘의 차이는 건강보험 가입자 인구구조의 변화에 의한 의료비 지출의 차이로, 인구 잔차(demographic residual: *dem*)로 정의한다.

$$dem_{d,t} = ECI_{d,t} - DECI_{d,t} + 1 \tag{3}$$

질병 d의 의료비 지출 증가에 대응하기 위한 정책을 마련할 때, 의료비 지출 증가가 어떤 요인에 기인하는지에 따라 대응전략이 달라질 수 있다. 건강보험 가입자의 건강 상태에 변화가 없더라도, 즉 질병 d의 유병률에 변화가 없더라도 질병 d를 치료하는 데 비용이 증가한다면 질병 d의 의료비 규모는 증가한다. 반면, 기술의 발전으로 의료서비스의 가격이 하락하더라도 유병률이 증가한다면 질병 d의 의료비 지출 규모는 상승한다. 당뇨병의 경우를 생각해보자. 가격이 저렴한 복제약의 생산으로 당뇨 치료의 한계비용이 줄어들더라도, 건강보험 가입자의 건강 상태 변화로 당뇨 질환자가 많아진다면 의료비 지출이 증가할 수 있다. 이 경우 당뇨병과 관련한 건강보험 지출 관리 정책은 당뇨 질환으로 진입하는 것을 지연시키기 위한 예방적 개입(preventive intervention)이 효과적일 것이다. 건강 상태 개선으로 유병률은 낮아지지만, 치료비용이 상승하는 반대의 경우라면, 비용을 줄일 수 있는 의료기술의 개발 또는 복제약 가격 정책이 효과적인 건강보험 지출 관리 정책으로 활용되어야 한다.

이러한 차이를 확인하기 위해 질병별 1인당 의료비($C_{d,t}$)를 치료 빈도($prev_{d,t}$)[12]와 치료 에피소드(episode)별 의료비 지출($c_{d,t}$)로 분해해 각각

---

12 인구의 건강수준 변화를 반영하기 위해서는 유병률을 이용하는 것이 적합할 것이나, 실제 의료서비스 청구자료를 이용하는 본 연구에서는 의료서비스를 이용하지 않은 유병률을 확인하지 못하는 제약이 있다. 본 연구에서 유병률은 해당 질병을 주상병으로 의

의 변화를 확인한다. t년도의 질병 d의 치료 빈도를 $prev_{d,t}$라고 정의하자. 기준연도 대비 질병 d의 치료 빈도 증가율은 다음과 같이 나타낼 수 있다. 인구 일인당 의료비 $C_{d,t}$와 마찬가지로 $prev_{d,t}$ 또한 인구 분포는 기준연도와 동일하게 조정한 수치이다.[13]

$$PREV_{d,t} = \frac{prev_{d,t}}{prev_{d,0}} \tag{4}$$

t년도의 질병 d의 치료 에피소드별[14] 의료비 지출을 $c_{d,t}$라고 정의하자. $c_{d,t}$는 t년도 내 질병 d와 관련한 의료비 지출을 치료 에피소드 빈도로 나눈 값으로 정의한다. 분석방법론을 차용한 Dunn, Shapiro, and Liebman(2014)의 연구에서 하나의 치료 에피소드는 한 질병의 치료가 종료될 때까지로 정의한다. 그러나 건강보험 급여청구자료에서는 의료서비스 이용을 질병별로 치료 완료까지의 에피소드 단위로 구분하기 어려워 본 연구에서는 의료서비스 이용(visit) 단위를 에피소드 단위로 대체해 이용한다. 우리나라는 다른 국가에 비해 빈번한 의료서비스 이용이 문제시된다. 2021년 국민 1인당 연간 내원일수는 15.7일로 OECD 5.9일의 두 배 이상에 이른다. 따라서 질병별 의료서비스 이용 정도의 변화를 확인할 수 있다는 점에서 이용(visit) 단위를 적용하는 것이 우리나라 의료체계에서 논의하는 의미가 크다고 판단해 에피소드 단위를 의료서비스 이용일수로 정의한다.

질병 치료 에피소드별 의료비 지출 증가율을 다음과 같이 정의하자.

$$MCE_{d,t} = \frac{c_{d,t}}{c_{d,0}} \tag{5}$$

료서비스 이용을 했는지 여부를 나타내는 치료율의 개념으로 이해할 수 있다.

13 질병별 1인당 의료비($C_{d,t}$)는 치료 빈도($prev_{d,t}$)와 치료 에피소드(episode)별 의료비 지출($c_{d,t}$)의 곱으로 정의된다.

14 치료 에피소드는 보다 정확하게는 한 질병의 치료가 완전히 마무리될 때까지 질병의 연속적인 치료기간으로 정의된다. 그러나 완치의 개념을 적용할 수 없는 만성질환의 존재, 해당 주상병의 초진 및 재진 등을 분리하기 어려운 한계로 본 연구에서는 외래 및 입원 이용일수로 정의한다.

[그림 3-1] 국가별 인구 1인당 연간 내원일수

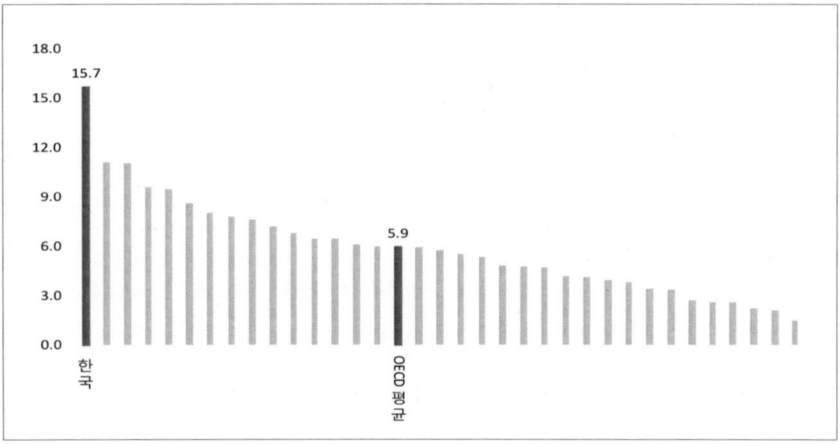

자료: OECD, *OECD Health Statistics*, 2021.

식 (1)~(5)를 이용해 인구구조 변화의 영향을 분리한 의료비 지출 증가율 $DECI_{d,t}$는 아래의 식 (6)과 같이 나타낼 수 있다. 인구구조 변화의 영향을 제외한 의료비 지출의 증가는 질병 치료비용의 변화와 인구의 건강 상태 변화 두 부분으로 구성된다. 다만, $PREV_{d,t}$는 인구의 질병에 대한 인식 및 그에 따른 의료서비스 이용 정도의 변화로, 엄밀하게는 인구의 건강 상태로 치환되지 않을 수 있다.

$$\log(DECI_{d,t}) = \log(MCE_{d,t}) + \log(PREV_{d,t}) \quad (6)$$

2. 분석 자료

분석에는 2009년부터 2019년까지의 건강보험 급여청구자료를 이용한다. 2020년과 2021년의 두 개 연도도 분석에 일부 포함하였으나, 이 두 해는 COVID-19의 영향으로 의료서비스 이용 추세에 일시적 변화가 존재한다. 특히 2020년에는 2019년과 비교해 모든 연령대에서 의료서비스 이용이 감소하였으며, 그중에서도 영유아 인구 집단은 2019년 대비 의료서비스 이용이 절반 이하 수준으로 감소하였다.

[그림 3-2] 2019년과 2020년의 의료서비스 이용 비교

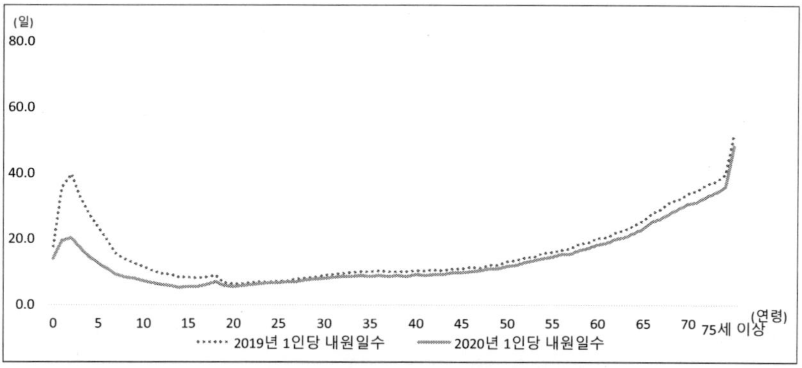

자료: 국민건강보험공단, 건강보험 급여청구자료를 이용해 저자 계산.

두 개 연도는 지속적 추이에서 벗어난 비정규성(irregularity)이 발생한 해이므로, 이 시기의 결과를 건강보험 의료비 지출의 추이 변화로 해석하는 것은 적절하지 않다. 다만, 본 연구에서는 의료서비스 이용량의 급격한 변화가 진료비 지출 증가에 유의한 영향을 미칠 수 있다는 점을 제시하기 위해 2020년과 2021년 두 개 연도의 결과를 참고치로 제시한다.

건강보험 급여청구자료는 전체 국민을 포함하며 정확한 의료서비스 이용 정보를 확인할 수 있다는 장점이 있다. 연령, 성별, 건강보험 가입 유형(직장, 지역)의 인적 정보와 건강보험 급여가 적용되는 의료서비스에 대해 공단 부담금과 급여 본인부담금, 의료서비스 유형(입원, 외래), 이용 종별 의료기관 정보 및 상병에 대한 정보를 포함한다. 그러나 건강보험 급여 서비스 이용에 대한 정보만을 확인할 수 있어 비급여 의료서비스를 포함한 전체 국민 의료비 지출의 변화는 확인하기 어렵다는 한계가 있다. 본 연구는 건강보험 재정지출에 초점을 두고 있으며, 전체 의료비 중 급여 지출 부문은 지속적으로 증가해 2019년 기준 전체 의료비 지출 중 급여 의료비 지출이 83%에 이른다. 건강보험 급여청구자료를 이용한 분석이 전체 의료비 지출의 80% 이상에 해당하는 상당 부분을 포괄하므로, 전체 의료비 양상을 파악하는 데 제약이 크지 않다고 판단하였다. 분석에서 모든 의료비는 2020년 물가 기준을 적용해 표준화하여 이용하였다.

[그림 3-3] 전체 의료비 지출 중 급여 의료비 비중

(단위: %)

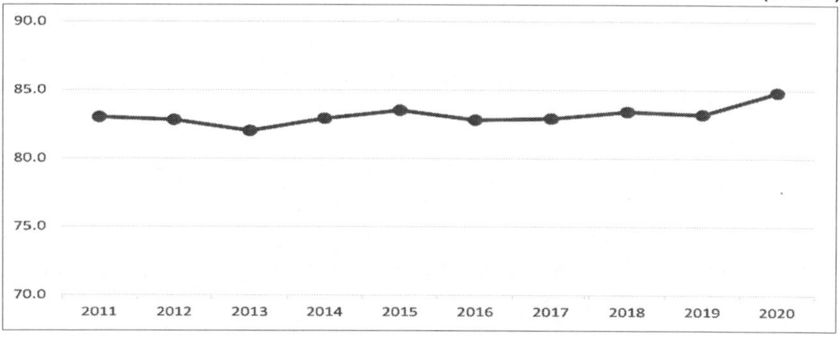

주: 급여 의료비는 공단 부담금과 급여 본인부담금을 의미함.
자료: 국민건강보험공단, 「2020년도 건강보험환자 진료비 실태조사」, 2021.

본 분석에서 유의할 점은 분석에서 이용하는 기준연도의 설정에 따라 분석 결과에 차이가 발생할 수 있다는 점이다. 따라서 보건의료정책 및 의료서비스 이용 양상에 급격한 변동이 발생하는 시기를 기준연도로 설정하는 것은 적절하지 않다. 본 분석의 기준연도인 2009년은 2002년 건강보험 재정통합 이후 재정이 안정화된 이후이며, 2007~08년 글로벌 금융위기로 인한 경기침체 발생 이후이다. 경기침체는 의료서비스의 가격 비탄력성에도 불구하고 외래진료 등 의료서비스 이용 감소에 유의한 영향을 미치는 것으로 알려져 있으나, 우리나라는 전 세계적 경기침체의 부정적 영향이 비교적 제한적이었으며 의료서비스 이용의 급격한 변화 또한 확인되지 않는다. 또한 급격한 정책적 변화에서도 비교적 자유로운 시기로 2008년 노인장기요양보험이 도입된 이후이며, 2013년부터 시작된 박근혜 정부의 4대 중증질환 보장성강화정책의 시행 및 2017년 문재인 정부의 보장성강화정책 시행과도 시차가 있다. 이러한 점에서 2009년을 의료비 지출 변화를 살펴보는 기준연도로 설정하는 데 큰 무리가 없다고 판단하였다.

제2절 분석 결과

1. 전체 건강보험 진료비 지출 변화

기준연도인 2009년 대비 지난 10년 동안 인구 1인당 건강보험 의료비 지출은 지속적인 증가세를 나타낸다. COVID-19로 의료서비스 이용이 빠르게 감소한 2020년에는 의료비 지출 증가세가 나타나지 않았으나, 의료서비스 이용 정도가 빠르게 회복되면서 2021년에는 의료비 지출이 다시 빠른 증가세로 전환되었다(그림 3-4).

의료비 지출의 증가에는 인구 변화요인이 반영된다. 특히 의료서비스 이용이 많은 고령인구의 증가는 의료서비스 이용 패턴이나 가격에 유의한 변화가 없더라도 전체 의료비 지출 증가로 이어지게 된다. 인구 변화로 인한 의료비 지출 증가를 제외한 의료비 지출의 변화 양상을 파악하기 위해 2009년과 성별, 연령별 인구 구성이 동일하게 유지된다고 가정하였을 때 의료비 지출의 변화를 살펴보았다. 각 연도에서 성별, 연령별 인구 구성이 동일하도록 성별과 1세 단위 연령별 가중치를 각 연도에 적용해 2009년과 동일한 인구구조가 유지될 때 전체 진료비 변화 양상을 확인하는 방식으로 인구 변화로 인한 의료비 지출 증가를 제외한 의료비 지출 증가 정도를 확인한다.

$ECI_{.,t}$와 $DECI_{.,t}$의 차이는 의료서비스 이용이나 의료서비스의 비용과 관계없이 인구 변화에 의해 발생하는 의료비 지출의 차이로 본 연구에서는 인구 잔차(demographic residual)로 정의한다. 고령인구의 규모가 확대되면서 인구 잔차는 확대되는 양상을 나타낸다. 인구 잔차는 2019년 기준 2.4%p이며, 우리나라와 의료체계와 의료보험에 차이가 있어 직접적인 비교는 어려우나, 본 연구에서 참고한 Dunn, Liebman, and Shapiro(2014)의 연구에서 확인되는 수치와 크게 다르지 않다. 인구 대재앙(demographic apocalypse)이라 이야기될 만큼 고령인구 증가가 의료비 지출에 미치는 영향이 큰 것으로 인식되는 것과 달리 인구 변화에 따른 건강보험 진료비 지출의 변화 정도는 예상외로 크지 않다.[15]

[그림 3-4] 의료비 지출 증가 추이

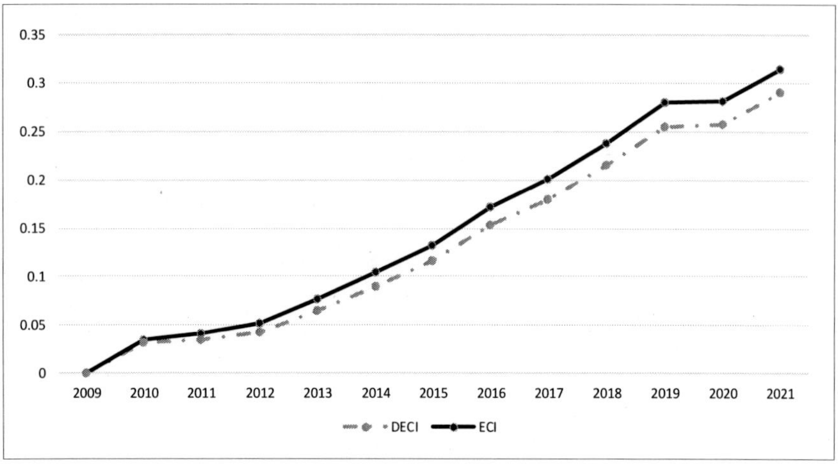

주: ECI는 2009년 대비 각 연도의 실제 1인당 의료비 지출을 나타내며, DECI는 2009년과 각 연도의 인구 분포를 동일하게 조정했을 때의 1인당 의료비 지출을 나타냄.
자료: 국민건강보험공단의 건강보험 급여청구자료(2009~21년)를 이용하여 저자 계산.

[그림 3-5] 인구 잔차의 변화(dem_t)

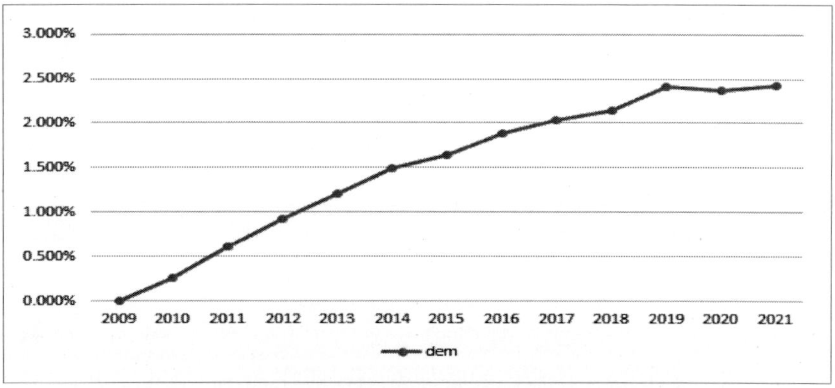

주: 인구 잔차는 의료비 지출 증가율과 인구고정 의료비 지출 증가율의 차이를 나타냄.
자료: 국민건강보험공단의 건강보험 급여청구자료(2009~21년)를 이용하여 저자 계산.

---

15 이 결과의 해석에서 2009년 대비 증가에 대해 논하는 것과 특정 시점의 고령인구 비중 및 의료비 지출 비중을 논하는 것에 차이가 있음에 유의할 필요가 있다. 고령인구 비중 및 의료비 지출은 지속적으로 증가하였으며, 전체 의료비 지출에서 차지하는 비중도 크다. 다만, 본고에서 논의하는 인구 영향은 상대적으로 지출 증가에 기여하는 속도가 빠르지 않음을 의미한다.

[그림 3-6] 의료서비스 이용(*PREV*)과 비용(MCE) 증가율

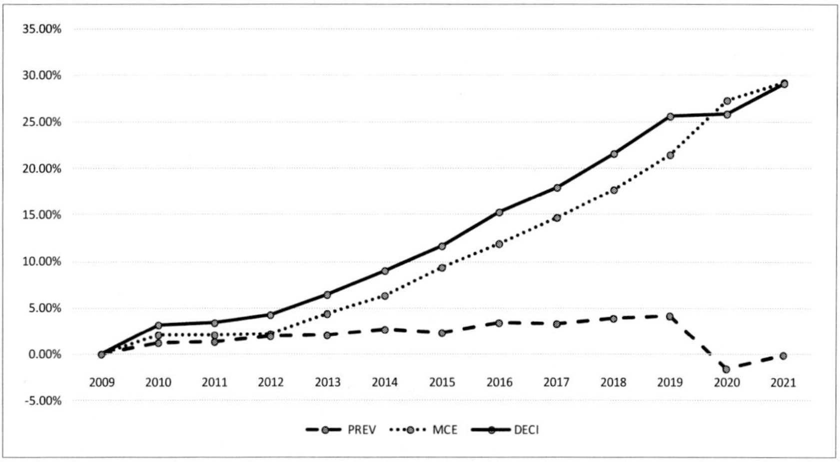

자료: 국민건강보험공단의 건강보험 급여청구자료(2009~21년)를 이용하여 저자 계산.

$DECI_{d,t}$는 의료서비스 이용 빈도의 증가율($PREV_{d,t}$)과 치료 에피소드별 의료비 지출의 증가율($MCE_{d,t}$)로 분해된다. [그림 3-6]은 연도별로 인구의 성별, 연령별 분포를 고정할 때의 의료비 지출 증가율과 의료서비스 이용 빈도, 의료서비스 이용 에피소드별 의료비 지출의 증가율을 나타낸다. 의료서비스 이용 빈도 증가율은 2019년 기준 2009년 대비 4% 증가한 후 2020년의 COVID-19의 영향으로 일시적으로 감소하는 것으로 나타난다. 반면, 의료서비스 이용 에피소드별 의료비 지출의 증가율은 2009년 대비 2019년 21%로 전체 의료비 지출 증가에서 가장 큰 부분을 차지한다.

각 요인의 증가율을 이용해 2019년의 전체 의료비 지출 증가에 대한 요인별 기여도를 산출한 결과는 <표 3-1>과 같다. 2009년 대비 2019년의 총의료비 지출 증가율은 27.97%이다. 총의료비 지출 증가에 가장 크게 기여한 요인은 의료서비스 이용당 의료비 지출 규모의 증가로, 의료비 지출 증가의 76.73%를 설명한다. 의료서비스 이용량의 증가는 의료비 지출 증가의 14.64%, 인구구조 변화는 8.63%를 설명한다.

인구구조 변화가 의료비 지출 증가의 주요 요인임은 부정할 수 없다.

<표 3-1> 2009년 대비 2019년의 요인별 기여율

(단위: %)

구 분	2019년
총의료비 증가율(2009년 대비)	27.97
의료이용량 변화(PREV)의 기여율	14.64
의료서비스 이용당 의료비 변화(MCE)의 기여율	76.73
인구 변화(dem) 기여율	8.63

자료: 국민건강보험공단의 건강보험 급여청구자료(2009~21년)를 이용하여 저자 계산.

그러나 인구구조의 변화, 특히 고령화는 의료서비스의 가격이나 이용량에 비해 상대적으로 인구 1인당 의료비 지출 증가에 대한 기여도가 낮은 것으로 확인된다. 제한적인 고령화의 영향은 우리나라에만 국한되는 것은 아니다. Reinhardt(2003)은 미국의 의료비에서 고령층의 1인당 의료비 지출 규모가 가장 큰 것은 사실이나 단순히 고령화가 의료비 지출 증가를 주도하지 않음을 지적하였다. 오히려 최근으로 올수록 1인당 의료비 지출은 65세 미만 인구 집단에서 더 빠르게 증가하는 것을 시뮬레이션 결과를 통해 보인 바 있다. 다만, Reinhardt(2003)의 결과는 미국의 의료보험제도의 영향일 가능성을 완전히 배제하기 어렵다. 65세 이상 인구는 공보험인 메디케어(Medicare)에 의해 의료서비스를 보장받는 반면 65세 미만 인구의 상당수는 고용에 기반한 의료보험(employer-sponsored health insurance)을 통해 의료비를 보장받는다. Teasdale and Schulman(2020)은 미국의 병원들이 공보험인 메디케이드나 메디케어의 충분하지 않은 수가(reimbursement) 수준으로 인한 손실을 민간의료보험의 수가(reimbusrement)를 높여 받는 방식으로 대응하고 있음을 지적하고 있다. 즉, 미국에서 나타나는 의료비 지출 증가에 대한 고령화의 제한적인 영향은 이러한 의료보험제도의 차이에서 기인할 가능성이 있다.

그러나 의료비 지출 증가에 대한 고령화의 제한적인 영향은 캐나다나 호주와 같이 우리나라와 비교적 유사한 방식의 의료보험제도를 운영하는 국가에서도 확인된다. Evans *et al.*(2001)은 고령화가 의료비 지출 증가에 미치는 영향이 제한적임을 보이면서, 고령화와 의료비 지출 증가 간 대

[그림 3-7] 건강보험 진료비 지출 증가 기여도의 변화

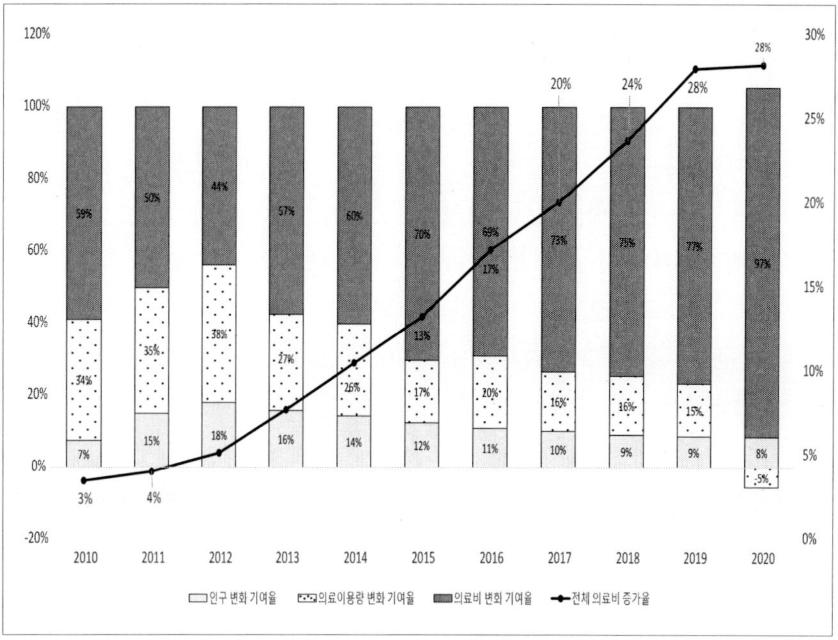

자료: 국민건강보험공단의 건강보험 급여청구자료(2009~21년)를 이용하여 저자 계산.

재앙적(apocalyptic) 전망의 부적절함을 주장하였다.

[그림 3-7]은 2009년 대비 요인별 건강보험 진료비 지출 증가 기여도의 변화를 나타낸다. 모든 연도에서 건강보험 진료비 지출 증가에서 기여도가 가장 큰 것은 의료서비스 이용 에피소드별 의료비 요인(가격요인)으로 나타난다. 기여도 크기의 추세는 연도에 따라 차이가 있다. 가격요인의 기여도는 2010년 58.9%에서 2012년 43.8%로 감소한 후 2013년 이후 지속적으로 기여 정도가 확대되는 양상을 보인다. 2013년 이후 건강보험 진료비 증가율의 70% 이상을 가격요인이 설명하고 있어 건강보험 재정 지출 증가의 가장 주요한 요인은 가격요인의 변화임을 확인할 수 있다. 진료 에피소드별 진료 강도의 변화, 수가의 변화, 보장성강화정책의 확대에 따른 높은 가격의 의료서비스에 대한 급여 확대 등이 가격요인에 영향을 미칠 수 있다. 어떤 요인이 주로 영향을 미치는지에 따라 지출 관리 대응전략이 달라진다. 예를 들어 중증 환자의 증가로 인해 진료 에피소

드별 진료 강도가 높아지고 그에 따라 가격요인의 증가가 이어진다면, 건강보험 진료비 지출 관리는 질병의 중증화를 예방하기 위한 정책대응이 동반되어야 한다. 반면, 필요도가 떨어지는 진료가 증가해 진료 강도가 높아지고 있다면 비용효과적인 의료서비스 공급을 유도하기 위한 대응전략이 필요하다.

의료서비스 이용량(수량요인)의 기여도는 2010년부터 2012년까지 전체 건강보험 진료비 지출 증가의 35% 이상을 설명하였으나, 이후 지속적으로 전체 건강보험 진료비 지출 증가에서 차지하는 기여도가 축소되고 안정적 수준을 나타내고 있다. 2016년 이후 2009년 대비 수량요인의 증가율은 매년 3.5% 수준에서 안정적인 양상을 나타내고 있었으나 2020년 COVID-19의 영향으로 의료서비스 이용이 급감해 2020년에는 음의 기여를 나타낸다. 2021년에는 의료서비스 이용이 빠르게 회복되었으나, 여전히 2009년 대비 낮은 수준으로 수량요인은 음의 기여를 나타낸다. 인구구조 변화요인의 영향은 2017년 이후 전체 건강보험 진료비 지출의 10% 내외를 설명하고 있다. 인구구조 변화는 진료비 지출 증가의 주요한 영향요인이나, 진료비 지출 증가를 주도하는 요인이 아님이 확인된다.

전체 건강보험 진료비 증가의 기여율을 분석한 결과에 따르면, 건강보험 진료비 증가를 견인하는 가장 주요한 요인은 가격요인이다. 의료서비스 이용의 변화인 수량요인과 인구구조 변화요인은 가격요인에 비해 상대적으로 안정적인 수준의 변화를 나타내는 것으로 확인된다. 분석 결과는 가격요인의 변화에 대한 관리가 효과적인 건강보험 재정지출 관리를 위해 우선적으로 고려될 필요가 있음을 시사한다. 따라서 가격요인의 변화에 영향을 미치는 세부적인 사항에 대한 추가 분석을 바탕으로 지출 관리 정책 설계가 필요하다.

2. 건강보험 진료비 지출 변화요인의 이질성

연령, 질병 유형, 입원 또는 외래의 의료서비스 유형 및 의료기관에 따라 의료서비스의 이용과 그에 따른 건강보험 진료비 지출 이용 양상은 차이가 크다. 앞서 전체 건강보험 진료비 지출 증가 기여도 분석에서 인구 변화의 기여도는 최근으로 올수록 그 영향이 감소해 전체 건강보험 진료비 지출 증가의 10% 정도를 설명하는 것으로 확인된다. 그러나 인구 집단별로 인구 변화의 기여도는 크게 달라질 수 있다. 영유아 및 아동은 저출산의 영향으로 인구 규모가 감소함에 따라 인구 변화에의 기여 정도가 음의 값을 나타내는 것으로 확인된다. 반면, 베이비붐 세대의 고령층 진입으로 고령층에서는 인구 규모 변화가 건강보험 진료비 지출 증가에 기여하는 정도가 전체 인구에 비해 매우 크다. 연령에 따라 질병의 유병률 또한 차이가 크며, 이는 연령수준별 의료서비스 이용 및 의료서비스 이용당 진료비 지출 차이로 이어진다. 예를 들어 노인성 질환인 알츠하이머성 치매는 고령층에 집중된 질환이며, 2022년 건강보험 진료비 지출 규모가 가장 큰 질환이다. 인구 규모의 차이뿐만 아니라 질병의 차이, 진료 강도의 차이에 의해서도 고령층의 건강보험 지출 증가를 견인하는 요인은 다른 연령집단과 차별적으로 나타날 수 있으며, 정책대응 또한 다른 방식으로 이루어질 필요가 있다. 이러한 점을 고려해 본 소절에서는 연령집단, 의료서비스 유형, 종별 의료기관, 질병별로 건강보험 진료비 지출 변화요인의 기여도를 확인하고 유형별 이질성을 확인하는 것을 목표로 한다.

가. 연령별 건강보험 진료비 지출 증가 기여도 분석

앞서 인구요인은 다른 요인에 비해 건강보험 진료비 지출 증가에 대한 기여도가 상대적으로 낮은 것을 확인하였다. 그러나 이는 전체 인구 집단을 기준으로 할 때의 결과이다. 급격한 인구 변화를 겪고 있는 집단에서는 인구요인의 기여도가 다르게 나타날 수 있다. 이를 확인하기 위해 본 항에서는 인구 규모의 급격한 감소를 겪고 있는 0~9세 영유아 및 아동 인구 집단과 반대로 인구 규모가 빠르게 증가하는 65세 이상 고령층의 건강보험 진료비 지출 변화를 중심으로 살펴본다.[16]

먼저 0~9세 인구 집단의 건강보험 진료비 지출 변화를 살펴보자. 출산율의 하락으로 0~9세 인구 규모가 감소하면서,[17] 해당 연령대에서 인구요인은 건강보험 진료비 지출 증가를 억제하는 요인으로 작용하고 있다. 2010년부터 2012년까지 전체 진료비 지출 증가율은 2% 내외로 완만한 증가세를 나타내었는데, 이 시기에는 의료서비스 이용량이 비교적 빠른 증가세를 나타내고 의료서비스 이용당 진료비 지출은 기준연도(2009년) 대비 2011년 0.7%, 2012년 0.1%로 정체되는 양상이 나타났다. 그 결과, 이 시기 0~9세 인구의 건강보험 진료비 지출의 주요 기여요인은 의료서비스 이용량 증가로 확인된다. 그러나 2014년부터 이러한 추세에 급격한 변화가 나타난다. 의료서비스 이용량은 매해 2009년 대비 일정한 수준의 증가율이 유지된 반면, 의료서비스 이용당 의료비 지출은 2009년 대비 2014년 6.7%, 2015년 9.1%에서 2018년 15%, 2019년 19.7%까지 빠른 증가세를 나타내면서 2013년 이후 가격요인이 진료비 지출 증가를 견인하는 가장 주요한 요인으로 나타난다.

COVID-19 시기에는 영유아, 아동 집단의 의료서비스 이용 감소가 두드러졌는데, 이는 2020년과 2021년의 결과에서도 드러난다. 0~9세 인구 집단의 의료서비스 이용은 2009년 대비 2020년에 18.8% 감소하였으며, 2021년의 의료서비스 이용 회복에도 불구하고 여전히 0~9세 집단의 의료서비스 이용은 2009년 대비 13.4% 감소한 수준을 나타내며, 의료서비스 이용의 감소로 전체 건강보험 진료비 지출 증가율은 2009년 대비 2019년 17.25%에서 2020년 2.7%로 하락하였다.

0~9세 인구 집단 내에서도 연령에 따라 진료비 지출 증가의 구성은 차이가 있다. 본고에서는 출산율의 하락으로 급격한 인구 변화가 뚜렷한 0세 집단을 살펴본다. [그림 3-9]는 0세 인구 1인당 건강보험 진료비 지출 증가율(ECI_t)과 2009년의 0세 인구의 구성이 유지되었다는 가정하에 산출한 건강보험 진료비 지출 증가율($DECI_t$)을 나타낸다. 출산율이 본격적

---

16 모든 연령집단에 대한 분석 결과는 부록의 <부표 3>을 참고할 수 있다.

17 인구총조사 결과에 따르면, 2000년의 0~9세 인구 규모는 6,574,314명, 2005년, 5,551,237명, 2010년 4,613,747명으로 급격한 인구 규모 감소가 나타난다. (https://www.index.go.kr/unify/idx-info.do?idxCd=5061, 최종접속일: 2021. 12. 1).

[그림 3-8] 0~9세 인구의 건강보험 진료비 지출 증가 변화

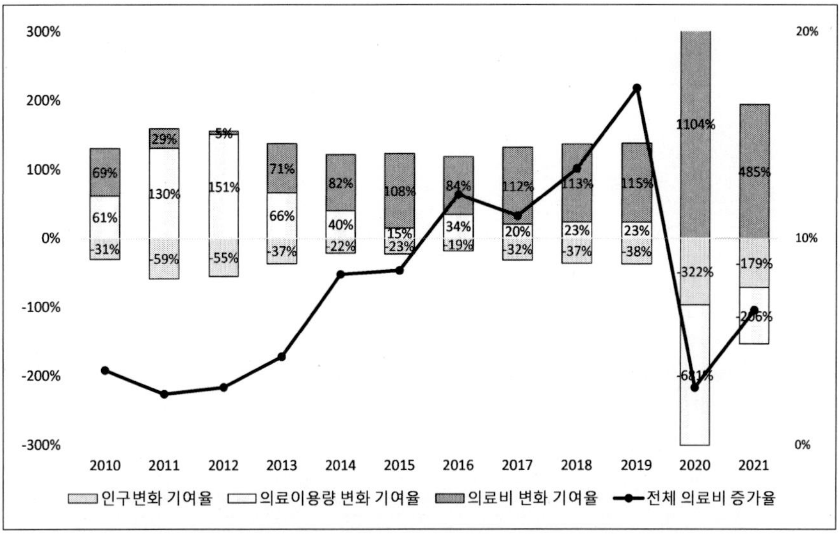

주: 좌측은 진료비 지출 증가 기여율 변화, 우측은 진료비 증가율을 나타냄.
자료: 국민건강보험공단의 건강보험 급여청구자료(2009~21년)를 이용하여 저자 계산.

[그림 3-9] 0세 인구의 건강보험 진료비 증가율

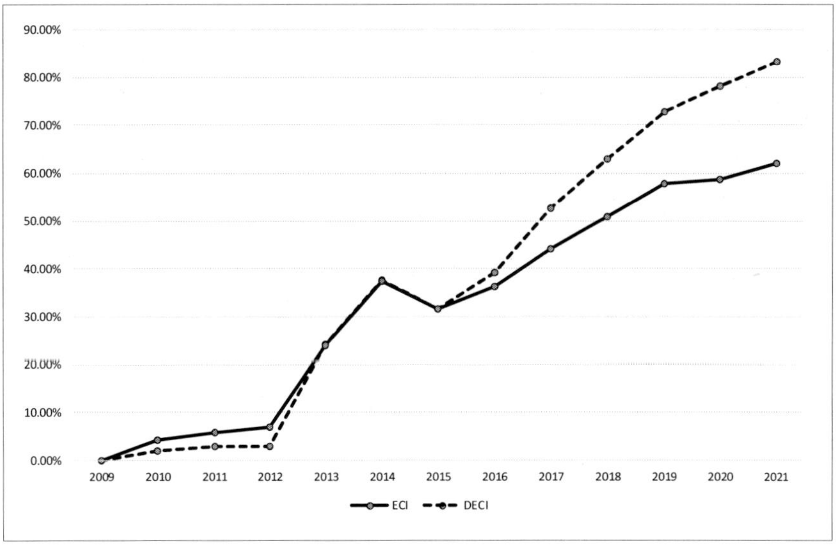

자료: 국민건강보험공단의 건강보험 급여청구자료(2009~21년)를 이용하여 저자 계산.

[그림 3-10] 의료서비스 이용(*PREV*)과 의료서비스 비용(*MCE*)의 증가율(2009년 대비)

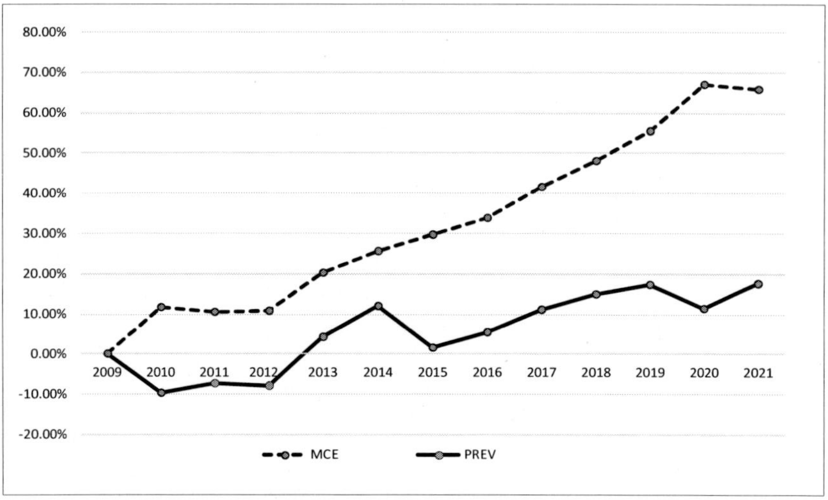

자료: 국민건강보험공단의 건강보험 급여청구자료(2009~21년)를 이용하여 저자 계산.

으로 하락하기 시작한 2016년부터[18] 0세 인구의 $DECI_t$는 ECI_t를 상회하며, 인구 잔차는 음의 값을 갖는다. 2010년부터 2012년 사이의 0세 인구의 1인당 건강보험 진료비는 2009년 대비 2~3% 내외의 낮은 수준의 증가율을 지속하였으며, 이후 빠른 증가세를 보이고 2015년을 제외하고는 증가 추이가 지속되고 있다.

2010년부터 2012년 사이에는 내원일당 의료서비스 비용이 상대적으로 안정적으로 유지되었으며, 의료서비스 이용은 2009년 대비 감소하는 양상이 나타났다. 그 결과, 이 시기 0세 인구의 1인당 건강보험 진료비 지출은 비교적 안정적으로 유지되었다. 그러나 2013년부터 의료서비스 이용률과 의료서비스 이용당 비용은 증가세로 전환되었는데, 특히 비용의 증가세가 두드러진다.

요인별 기여도를 산출한 결과는 [그림 3-11]과 같다. 0세 인구 집단에서 두드러지는 특징은 인구 규모 감소로 인한 의료비 지출 증가의 하락

18 합계출산율은 2009년 1.15, 2012년 1.30, 2015년 1.24를 기록한 이후, 2016년 1.17, 2017년 1.05, 2018년 0.98로 빠르게 감소한다.

[그림 3-11] 0세 인구 건강보험 진료비 지출 증가 기여율 변화

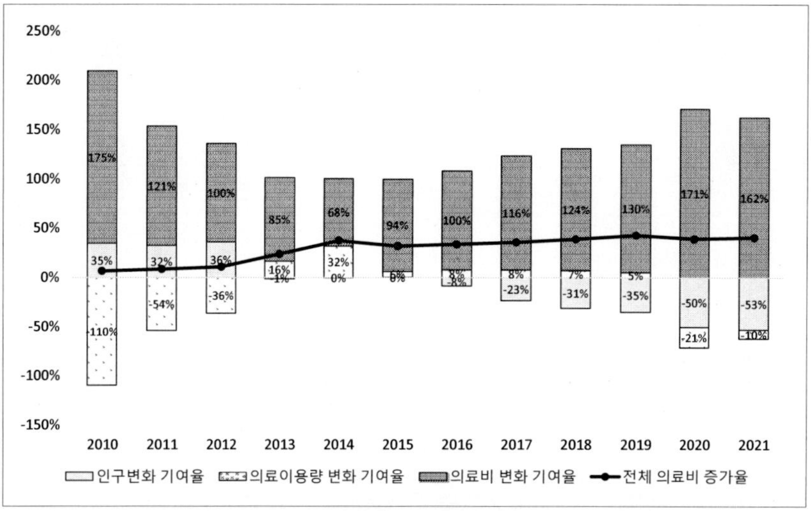

자료: 국민건강보험공단의 건강보험 급여청구자료(2009~21년)를 이용하여 저자 계산.

이다. 출산율이 급격하게 하락하기 시작한 2016년부터 인구요인은 건강보험 진료비 지출 증가에 음의 기여를 하기 시작하였으며, 그 영향은 지속적으로 확대되고 있다. 2009년의 합계출산율 1.15명이 유지되었다면 2009년과 2019년 사이 0세 인구의 건강보험 진료비 지출 증가율은 58%보다 15%p 이상 높은 수준이었을 것으로 예상된다.

0~9세 인구 집단과 동일하게 0세 인구의 진료비 지출 증가의 대부분이 의료서비스 이용당 의료비 지출의 증가로 설명된다. 특히 의료서비스 이용 정도는 2010년부터 2012년까지 2009년에 비해 감소하였으며, COVID-19 이전까지 일정한 수준을 유지하였다. 의료서비스 이용당 의료비 지출의 기여 정도는 0~9세 인구 집단에 비해 더 큰 것으로 나타난다. 기준연도인 2009년 대비 2010년부터 2012년 사이에는 의료서비스 이용이 감소하면서 진료비 지출 증가가 크지 않았으나 2013년부터 의료서비스 이용량이 증가해 진료비 지출 증가에 양의 기여를 하는 것으로 전환된다. 의료서비스 이용량의 기여도는 연도별로 차이가 있으나 2017년 이후 의료비 지출 증가의 7~8% 내외를 설명하는 것으로 확인된다. 그에 반해 의료

[그림 3-12] 65세 이상 인구 건강보험 진료비 지출 증가 기여율 변화

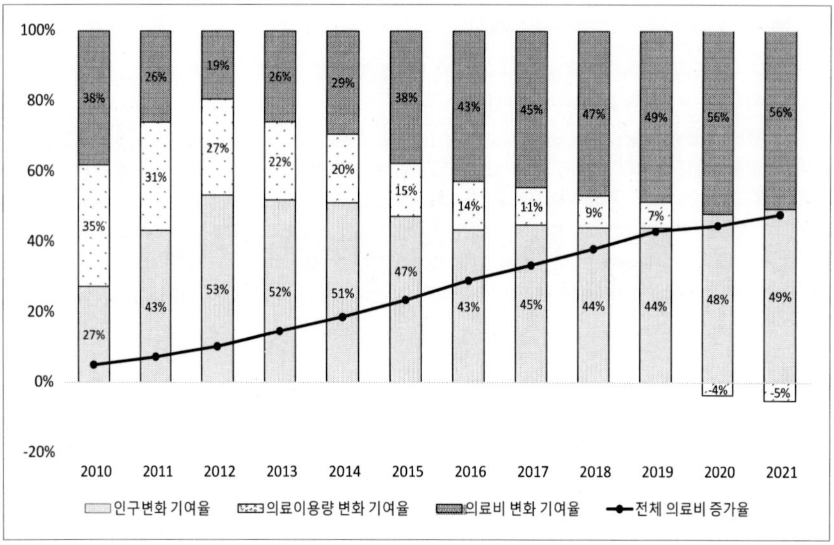

자료: 국민건강보험공단의 건강보험 급여청구자료(2009~21년)를 이용하여 저자 계산.

서비스 이용당 진료비 지출의 증가는 2015년 이후부터 0세 인구 건강보험 진료비 지출 증가에 90% 이상 기여하는 것으로 확인된다.

만 65세 이상 고령층의 건강보험 진료비 지출 증가의 주요한 기여요인은 의료서비스 이용당 의료비 지출의 증가(가격요인)와 인구 변화요인이다. 2013년 이후 고령인구의 진료비 지출에서 가격요인의 기여 정도는 지속적으로 확대되었으며, 2019년 전체 건강보험 진료비 지출 증가의 절반을 가격요인이 설명하는 것으로 나타난다. 전체 의료비 지출 증가요인 분석 결과에서 인구 변화요인의 기여 정도가 10% 미만으로 제한적인 것과 달리 인구 변화는 고령인구의 진료비 지출 증가 기여도가 가장 크다. 2019년 기준 인구 변화는 65세 이상 고령인구 진료비 지출 증가의 44%를 설명한다. 따라서 의료서비스 이용과 의료서비스 가격에 변화가 없더라도 인구 규모의 변화로 고령층의 건강보험 진료비 지출 증가는 상당 기간 계속될 것으로 예상된다. 반면, 의료서비스 이용량(수량요인)의 기여율은 점진적으로 줄어드는 것으로 나타나며, COVID-19의 영향이 있었던 2020년과 2021년에는 고령인구 집단에서도 의료서비스 이용량이 감소해 진료

[그림 3-13] 65~69세 인구 건강보험 진료비 지출 증가 기여율 변화

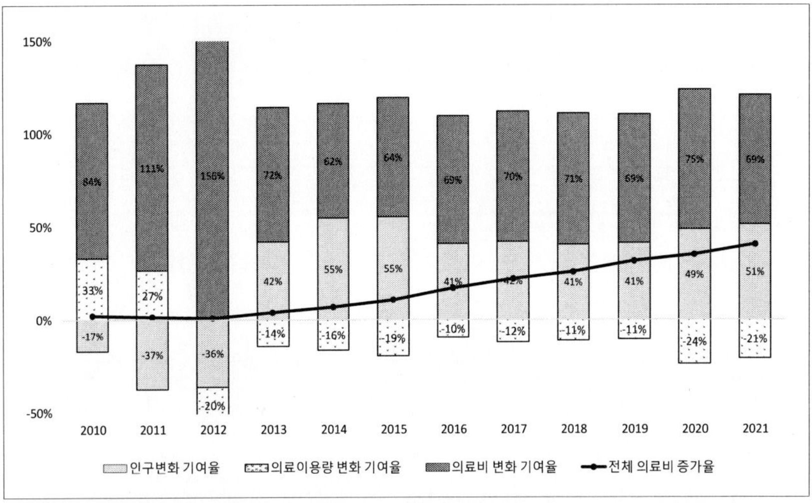

자료: 국민건강보험공단의 건강보험 급여청구자료(2009~21년)를 이용하여 저자 계산.

비 지출 증가에 음의 기여를 한 것으로 확인된다.

고령인구 내에서도 연령대에 따라 의료비 지출요인별 기여 정도의 이질성이 확인된다. 전기 고령인구로 분류할 수 있는 65세부터 74세 고령인구 집단은 75세 이상 고령인구의 진료비 지출 증가 양상과 뚜렷한 차이를 나타내는데, 이들 집단의 주요한 특징은 의료서비스 이용량의 감소이다. 65~69세 집단에서 2012년부터 2009년 대비 의료서비스 이용량은 감소세를 나타내며, 2019년 전체 의료비 지출 증가세 완화에 기여하고 있다. 65~69세 인구의 의료서비스 이용량이 2009년 수준과 유사했다면 이들 집단의 건강보험 진료비 지출 증가율은 2019년 증가율보다 3.3%p 높은 35% 수준이었을 것으로 전망된다. 65~69세 고령자 집단에서도 COVID-19 기간 동안 의료서비스 이용 제약으로 의료서비스 이용량의 음의 기여도는 더욱 확대되는 양상을 나타낸다.

70~74세 고령자 또한 의료서비스 이용량의 진료비 지출 증가 기여 정도가 2012년부터 하락 추세로 전환되었으며, 2017년부터는 2009년 대비 의료서비스 이용량이 감소해 전체 의료비 지출 증가에 음의 기여를 하는 것으로 나타나며, 2019년 의료서비스 이용량의 변화는 전체 진료비 지출

증가에서 -4%를 차지한다(그림 3-14).

전체 건강보험 진료비 증가에서 인구요인이 설명하는 부분은 10% 내외로 인구요인이 가장 중요한 지출 증가요인이 아님을 확인할 수 있었으나, 고령인구 집단에서는 건강보험 진료비 지출 증가의 중요한 설명요인으로 나타난다. 65~69세 인구 집단에서 인구요인은 건강보험 진료비 지출 증가의 40% 이상을 설명한다.

75세 이상 초고령층에서도 의료서비스 이용 증가의 영향은 점진적으로 감소하는 것으로 나타난다. 75~79세 인구 집단에서 2019년 기준 의료서비스 이용량의 변화는 전체 의료비 지출 증가의 5%를 설명하는 것으로 나타난다. 반면, 인구요인은 전체 의료비 지출 증가의 절반 이상을 설명하며, 가격요인 변화의 설명력 또한 계속 확대되고 있다(그림 3-15).

의료비 변화 기여율과 인구요인의 기여율 확대와 의료서비스 이용량 요인의 기여율 축소는 크기의 차이는 있으나 80대 이상 고령인구 집단에서도 동일한 추세가 확인된다.

75세 미만의 전기 고령층에서 확인되는 의료서비스 이용의 감소와 75세 이상 고령층의 의료비 지출에서 의료서비스 이용의 영향이 감소하는 양상은 우리나라에서 건강한 고령화가 진행되고 있을 가능성을 제시한다.

고령층 규모가 확대될수록 의료서비스 이용과 의료비 지출이 확대된다는 일종의 정형화된 사실은 고령층 인구 규모가 증가함에 따라 만성질환 유병자 규모가 확대되고 그에 따른 불건강 상태가 지속된다는 점에 바탕을 둔다. 그러나 영양 및 건강 예방 행동의 개선은 만성질환이 시작되는 시점(onset)을 지연시키고 중증화를 예방하는 등의 개선으로 이어진다. 특히 이러한 변화는 교육수준 개선과 더불어 강화되고 있다. 교육수준과 건강수준 간에는 유의한 양의 상관관계가 있으며(Cutler and Lleras-Muney, 2010; Currie, 2009), 일부 연구에서는 인과관계도 존재하는 것으로 확인된다(Conti *et al.*, 2010). 우리나라 자료에서도 건강수준과 교육수준 간 유의한 상관관계가 확인되는데, 교육수준이 높을수록 당뇨, 고혈압 등의 유병률이 낮으며, 최근으로 올수록 고학력 집단에서 건강수준 개선이 나타난다(권정현, 2018).

[그림 3-14] 70~74세 고령인구 건강보험 진료비 지출 증가 기여율 변화

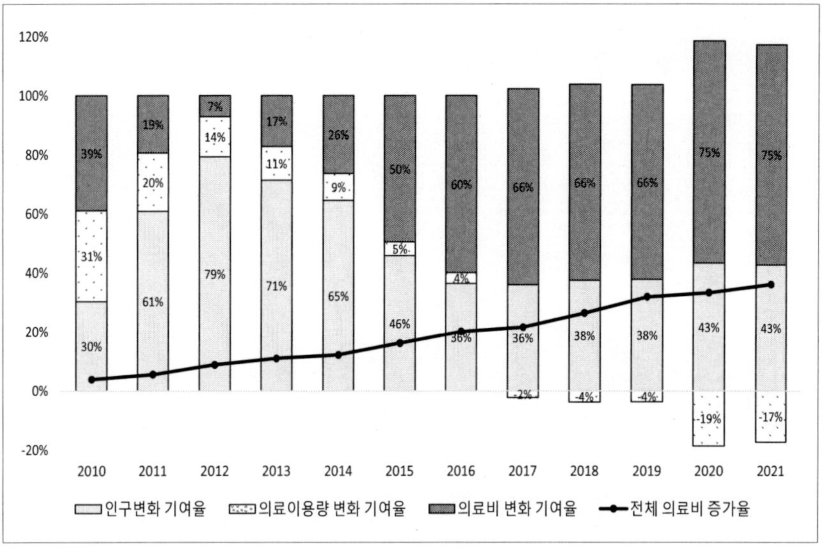

자료: 국민건강보험공단의 건강보험 급여청구자료(2009~21년)를 이용하여 저자 계산.

[그림 3-15] 75~79세 인구의 건강보험 진료비 지출 증가 기여율 변화

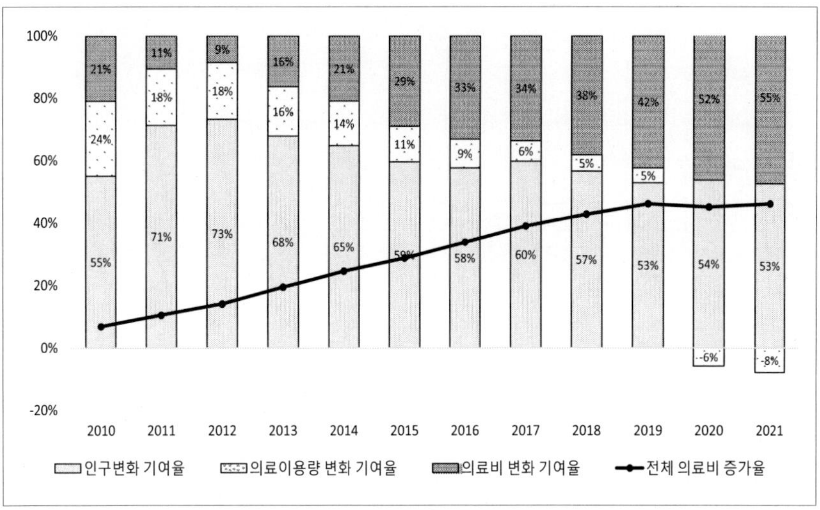

자료: 국민건강보험공단의 건강보험 급여청구자료(2009~21년)를 이용하여 저자 계산.

[그림 3-16] 80~84세 인구의 건강보험 진료비 지출 증가 기여율 변화

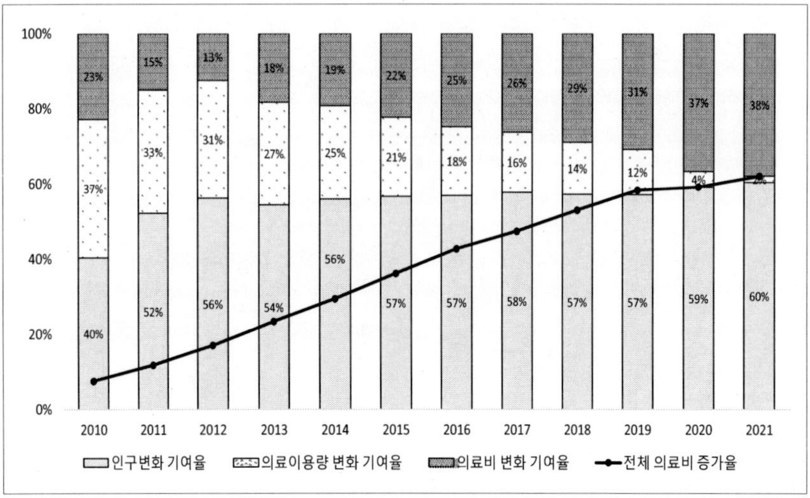

자료: 국민건강보험공단의 건강보험 급여청구자료(2009~21년)를 이용하여 저자 계산.

[그림 3-17] 85세 이상 인구의 건강보험 진료비 지출 증가 기여율 변화

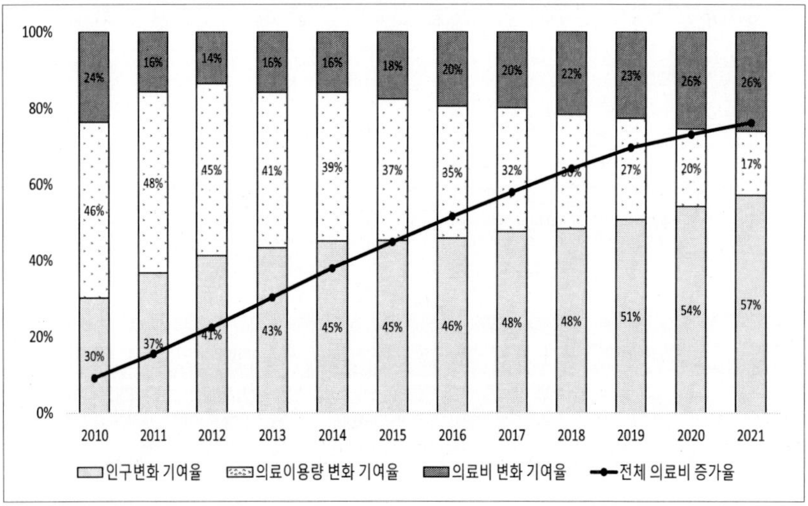

자료: 국민건강보험공단의 건강보험 급여청구자료(2009~21년)를 이용하여 저자 계산.

이러한 경향은 의료서비스 이용 양상에서도 나타난다. [그림 3-18]은 한국의료패널조사 자료를 이용해 산출한 성별, 연령별, 학력수준별 1인당 연간 내원일수를 나타낸다. 40대 이후부터 대학 재학 이상 학력 인구의 연간 내원일수는 고졸 이하 학력 인구의 내원일수에 비해 유의하게 낮은 수준으로, 학력수준과 교육수준 간 양의 상관관계가 있음을 시사한다. 이를 종합하면 향후 평균적인 고령인구의 학력수준 개선은 고령층의 만성질환 및 의료서비스 이용의 점진적 감소로 이어질 수 있으며, 이는 건강한 고령화에 따른 의료비 지출 관리의 가능성을 시사한다.

건강보험 진료비 지출을 기준으로 보더라도 고령층 의료비 지출의 점진적인 감소가 확인된다. [그림 3-19]는 30~39세 인구 1인당 건강보험 진료비 지출 대비 고령인구 1인당 건강보험 진료비 지출의 변화를 연도별로 보여준다. 고령층의 1인당 건강보험 진료비 지출은 연령 증가에 따라 증가하지만, 60대와 70대는 2009년부터, 80세 이상 집단은 2014년 이후부터 모든 연령층에서 건강보험 지출의 상대비가 점진적으로 하락하고 있다. 연령집단별 의료비 지출의 상대비 변화는 건강한 고령화(healthy aging)의 가능성을 시사하며, 건강한 고령층의 규모 확대로 인구 고령화가 건강보험 재정지출에 미치는 영향의 점진적 감소를 기대할 수 있다. 고령층의 의료비 지출 증가가 점진적으로 하락하는 패턴은 우리나라보다 먼저 고령화를 겪은 일본이나 EU 국가에서도 공통적으로 나타나는 현상이다(WHO, 2019).

다만, 전기 고령자를 중심으로 나타나는 건강한 고령화의 가능성이 생애 전체 의료서비스 이용 감소로 이어질 수 있는지에 대해서는 아직 면밀한 검토가 필요하다. 고령층의 전반적인 건강 개선으로 전기 고령기에 의료서비스 이용이 감소하더라도 이러한 경향이 후기 고령기에도 지속될지 여부는 아직 미지수이다. 본격적인 건강 하락 시점이 지연됨에 따라 의료서비스 이용 또한 지연되었을 가능성을 완전히 배제하기 어려우며, 평균수명의 연장과 그에 따른 노쇠(senility)기간의 연장으로 이후 간병서비스를 포함한 연명치료 기간의 연장 등 높은 수준의 의료비 지출 발생 가능성은 여전히 남아있다. 따라서 고령층의 의료비 지출 양상 변화를

[그림 3-18] 연령별, 학력수준별 1인당 연간 내원일수

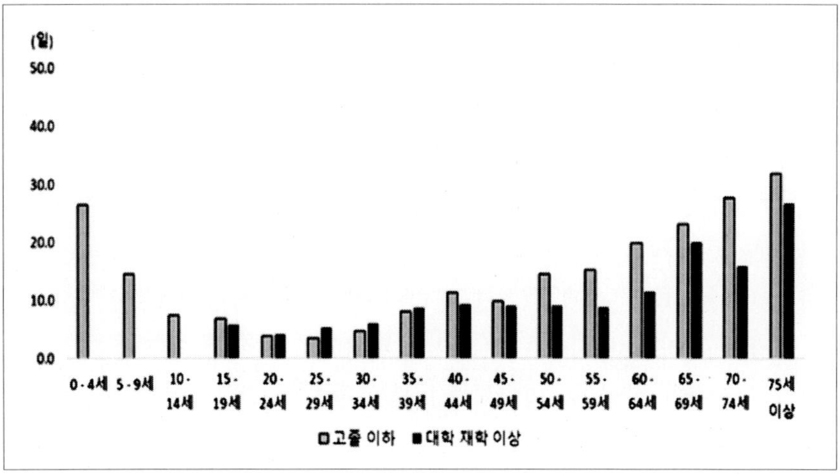

자료: 2019년 한국의료패널 조사자료를 이용해 저자 계산.

[그림 3-19] 50세 이상 중고령인구의 건강보험 진료비 변화(30~39세 대비)

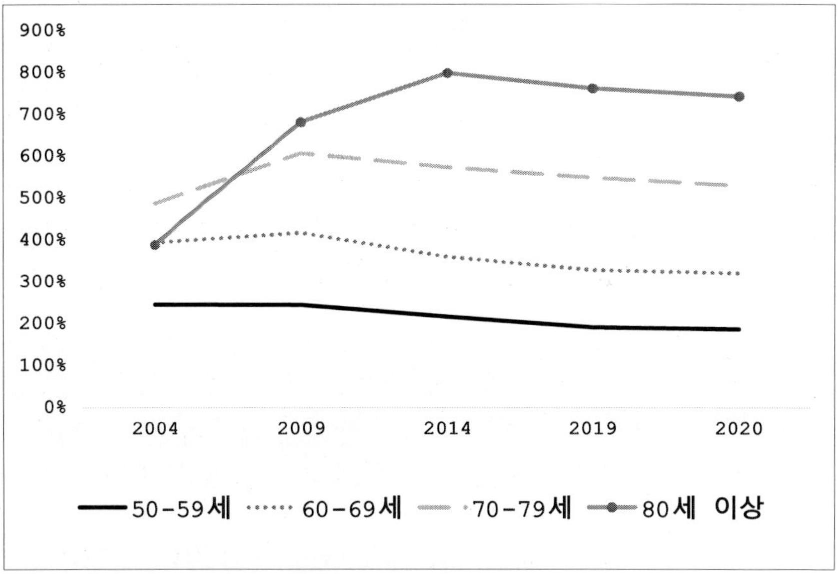

주: 1인당 건강보험 진료비는 2020년 물가 수준을 적용함.
자료: 국민건강보험공단의 건강보험 급여청구자료(2009~21년)를 이용하여 저자 계산.

확인하는 데 있어 전기 고령자의 건강한 고령화를 지원하는 동시에 이들의 건강 상태를 지속적으로 관찰하고 시기별 지원을 지속할 필요가 있다. 또한 불필요한 연명치료 등 생애 말 의료비 지출을 줄여나가기 위한 정책방안 모색이 동반되어야 한다.

건강한 고령화 외에도 의료기술의 발전으로 의료서비스 이용당 비용이 증가함에 따라 의료서비스 이용량의 기여율은 하락하는 반면 가격요인의 기여도는 빠르게 증가할 가능성이 존재한다. 이러한 양상은 뒤에서 살펴볼 의료서비스 유형별 기여율 변화에서 간접적으로 확인된다. 입원서비스 이용의 감소와 외래서비스의 입원서비스 대체는 의료서비스 이용 정도 감소로 이어지나 서비스 이용당 비용의 상승으로 이어져 의료서비스 이용량과 가격의 기여 정도에 변화를 가져올 수 있다.

고령층의 건강보험 진료비 분석 결과를 종합하면, 고령층의 건강보험 진료비 지출의 효율적 관리를 위해서는 건강한 고령화를 강화하기 위한 전략 수립이 우선적으로 필요한 것으로 판단된다. 이를 위해 만성질환 예방 및 건강 증진, 초고령층의 생애 말 의료 이용 관리, 요양-의료 간 연계를 통한 일상생활 유지를 지원해 의료비 지출의 압력을 낮출 수 있는 정책 지원의 필요성이 증대되고 있다.

본고는 노인장기요양보험의 재정지출은 분석에 포함하지 않았으며, 이는 고령층의 건강보험 진료비 지출 분석의 주요한 한계이다. 노인장기요양보험은 해마다 수급자 수와 재정지출이 빠르게 증가하고 있다. 노인장기요양보험의 도입은 고령층의 의료비 지출 감소에 영향을 미친 것으로 평가되고 있으며(한남경 외, 2013; 이호용 · 문용필, 2015), 최근의 의료와 돌봄 간 통합 논의를 고려하더라도 향후 고령층의 건강보험 진료비 지출에 대한 분석을 위해서는 노인장기요양보험의 재정지출을 포괄적으로 고려할 필요가 있다. 다만, 본 연구는 전 연령층의 건강보험 진료비 지출 변화를 분석하는 것이 주된 목적이므로, 포괄적인 고령층 의료비에 대한 분석은 향후의 과제로 남겨둔다.

나. 의료서비스와 의료기관 유형별 건강보험 진료비 지출 증가 기여도 분석

국가별로 의료비 지출을 관리하는 주요 전략 중 하나는 고비용의 입원서비스 이용을 상대적으로 저비용인 외래서비스 이용으로 전환하는 것이다. 의료기술의 발달 및 비침습 또는 최소침습수술(minimally invasive surgical procedure)의 증가는 입원서비스를 외래서비스로 대체하는 것을 가능케 한다. 또한 마취 통증 기술의 발전, 수술 후 예후의 개선 등으로 수술 후 입원기간을 축소하고 이를 외래서비스로 전환하게 된다. <표 3-2>는 서울대학교병원에서 암 절제술을 경험한 환자의 평균 입원기간의 변화이며, 대부분 유형의 암 절제술 이후 입원기간은 꾸준히 감소하는 양상을 보인다.

<표 3-2> 암 유형별 절제술 이후 입원기간의 변화

	2016	2017	2018	2019	2020
간암	9.1	8.2	8.9	8.4	7.5
담도암	17.1	14.9	18.5	14.2	14.1
대장암	5.6	5.7	5.7	5.3	5.1
위암	9.2	9.8	12.5	9.0	11
췌장암	14.4	14.0	12.7	13.0	10.5
폐암	6.3	6.2	5.6	5.0	5.5

주: 입원기간은 암 수술환자의 수술부터 퇴원까지 평균 입원기간을 의미함.
자료: 서울대학교병원, 『2021년 서울대학교병원 의료질지표 보고서(Outcome Book)』, 2021.

우리나라에서는 2009년 대비 2019년의 입원서비스 이용 증가율은 45.9%, 외래서비스 이용 증가율은 17.0%로 여전히 입원서비스 이용의 증가율이 더 높으나, 입원서비스 이용의 증가율은 점진적으로 하락하고 있다. 전체 의료서비스 이용 양상과 달리 상급종합병원에서는 입원서비스보다 외래서비스 이용의 증가가 두드러진다. 동일 기간(2009년 대비 2019년) 상급종합병원에서 외래서비스의 증가율은 32.2%인 반면 입원서비스의 증가율은 16.0%에 그치며, 전년 대비 증가율 또한 입원서비스가 큰 폭으로 감소하고 있다.

이러한 변화를 고려하여 본 항에서는 외래서비스와 입원서비스 각각의 건강보험 진료비 지출 증가 기여도 변화를 분석해 각 서비스의 이용 양상의 변화를 가늠하고자 한다.

[그림 3-20]은 외래서비스 건강보험 진료비 지출 증가 기여도 변화를 나타낸다. 인구 변화의 영향은 2013년 이후 감소해 2018년부터는 9% 내외의 기여도 수준이 지속되고 있다. 반면, 의료서비스 이용당 의료비(가격요인)와 의료서비스 이용(수량요인)이 외래서비스의 건강보험 진료비 지출 증가에 기여하는 정도는 구성의 변화가 명확하다. 가격요인의 기여도는 2013년부터 증가를 지속해 2019년 기준 의료비 지출 증가의 73%를 설명한다. 반면, 수량요인의 기여도는 2012년 46%에서 감소해 2017년부터 2019년까지 19% 수준을 유지하고, COVID-19의 충격이 있었던 2020년에는 의료서비스 이용의 감소로 음의 기여도를 나타낸다. 두 요인 간 기여도 수준의 변화는 가격요인의 상대적으로 빠른 증가세에 기인한다. 수량요인의 기여도는 2016년부터 거의 일정한 수준을 나타내는 반면, 가격요인의 기여도는 매해 6~7%p 증가하였으며, 특히 2019년에는 전년 대비 9%p 증가하면서 전체 건강보험 진료비 지출 증가를 견인하였다.

가격요인 기여도의 빠른 증가에는 외래서비스에서 고비용의 의료서비스 이용의 증가, 진료 강도의 변화, 수가의 상승 등이 영향을 미쳤을 수 있다. 특히 외래서비스가 집중되는 의원급 의료기관의 2009년부터 2021년 사이 수가 증가율은 15.31%인 반면, 병원급 의료기관의 수가 증가율은 9.22% 수준으로 차이를 나타낸다. 또한 상급종합병원에서 외래서비스 이용의 증가가 상대적으로 고가의 외래서비스 이용으로 이어져 외래서비스 이용당 의료비 지출의 증가를 야기하고 가격요인의 기여율 상승으로 이어지고 있는 것으로 판단된다.

입원서비스에서는 의료서비스 이용량(수량요인)이 건강보험 진료비 지출 증가를 주로 견인하는 것으로 나타난다. 다만, 2015년부터 가격요인의 기여도가 점차 확대되고 수량요인의 기여도는 하락 추세를 나타낸다. 2020년과 2021년에는 COVID-19의 영향으로 입원서비스 이용이 감소하

[그림 3-20] 외래서비스 건강보험 진료비 지출 증가 기여도 변화

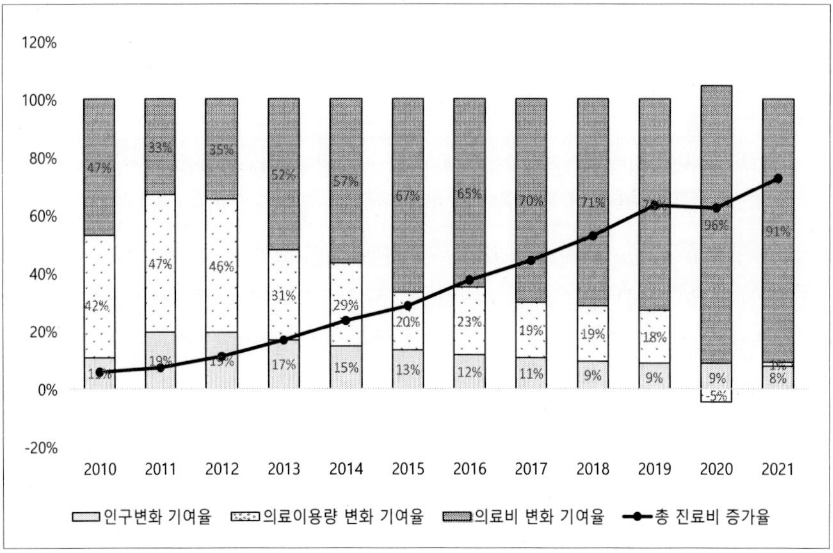

자료: 국민건강보험공단의 건강보험 급여청구자료(2009~21년)를 이용하여 저자 계산.

[그림 3-21] 입원서비스 건강보험 진료비 지출 증가 기여도 변화

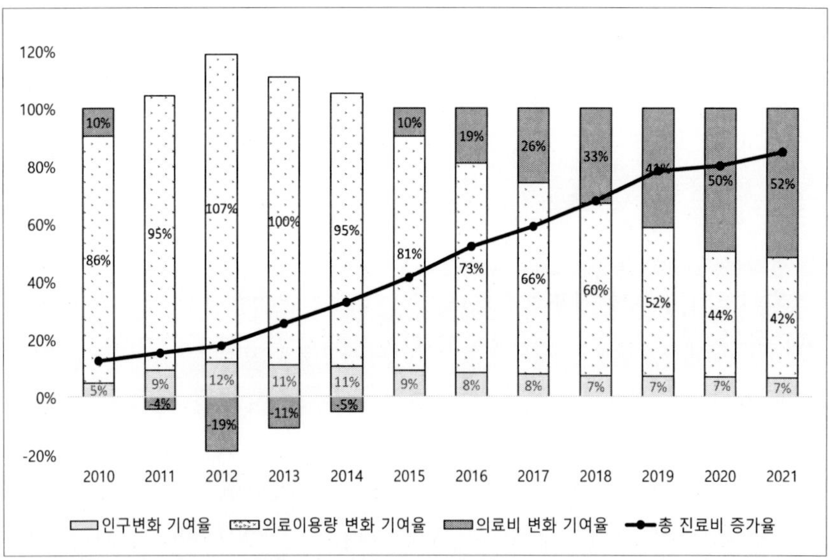

자료: 국민건강보험공단의 건강보험 급여청구자료(2009~21년)를 이용하여 저자 계산.

면서 수량요인의 기여도는 더욱 하락하였다. 입원서비스에서 의료서비스 이용량의 기여도가 높은 원인에 대해서 보다 자세한 분석이 필요하나, 병상 수 증가가 일부 영향을 미쳤을 것으로 판단된다. 2009년부터 2014년까지 우리나라의 인구 천명당 병상 수 증가율은 11.3%이며, 2014년부터 2020년까지 인구 천명당 병상 수 증가율은 2.26%로 빠르게 하락하였다.

외래서비스와 입원서비스에서 확인되는 건강보험 진료비 지출요인별 기여도 변화의 차이는 외래서비스가 중심이 되는 의원급 의료기관과 병원급 이상 의료기관의 진료비 지출 변화에서도 유사하게 확인된다.

[그림 3-22]는 의원급 의료기관의 건강보험 진료비 지출 증가 기여도 변화를 나타낸다. 의원급 의료기관은 외래 중심으로 운영되므로 의원급 의료기관에서의 진료비 지출 변화 양상은 외래서비스의 양상과 유사하다. 의료서비스 이용당 진료비 변화는 의원급 의료기관의 건강보험 진료비 지출 증가의 주된 기여요인인 반면, 의료서비스 이용량의 기여도는

[그림 3-22] 의원급 의료기관 건강보험 진료비 지출 증가 기여도 변화

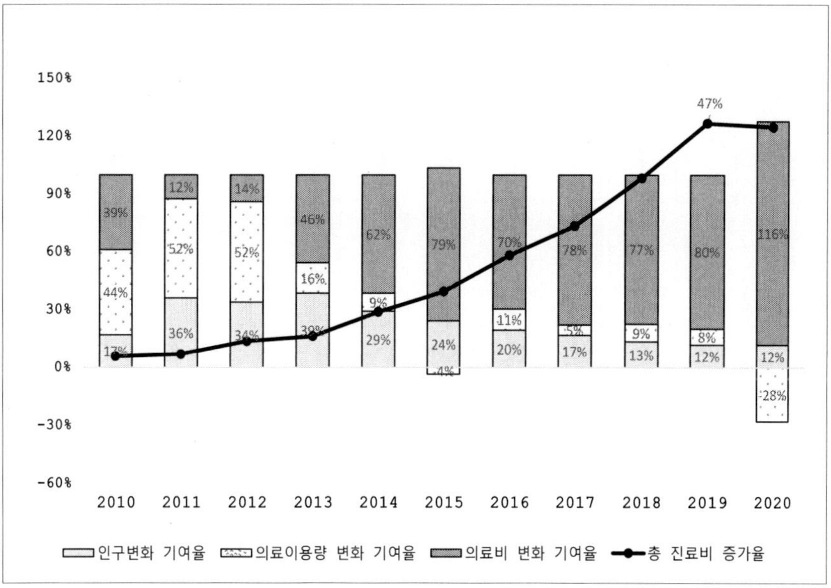

자료: 국민건강보험공단의 건강보험 급여청구자료(2009~21년)를 이용하여 저자 계산.

[그림 3-23] 병원급 의료기관 건강보험 진료비 지출 증가 기여도 변화

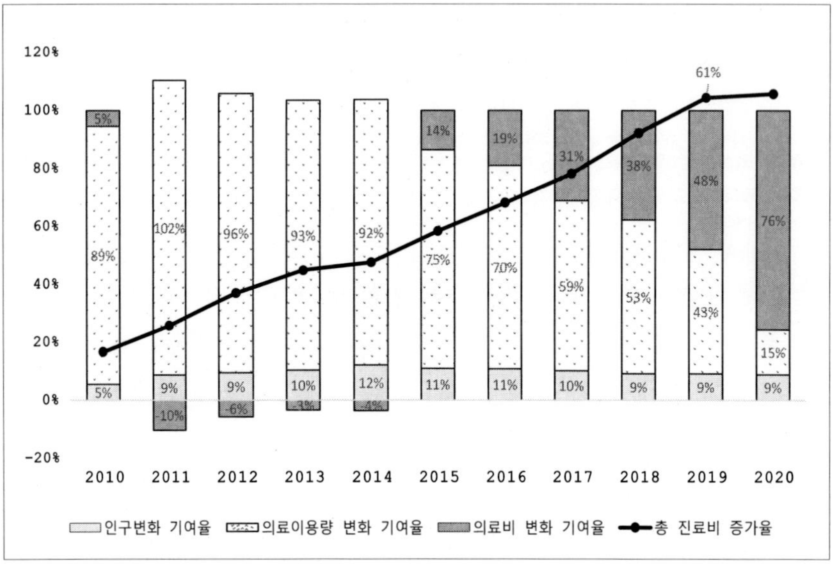

자료: 국민건강보험공단의 건강보험 급여청구자료(2009~21년)를 이용하여 저자 계산.

[그림 3-24] 종합병원 건강보험 진료비 지출 증가 기여도 변화

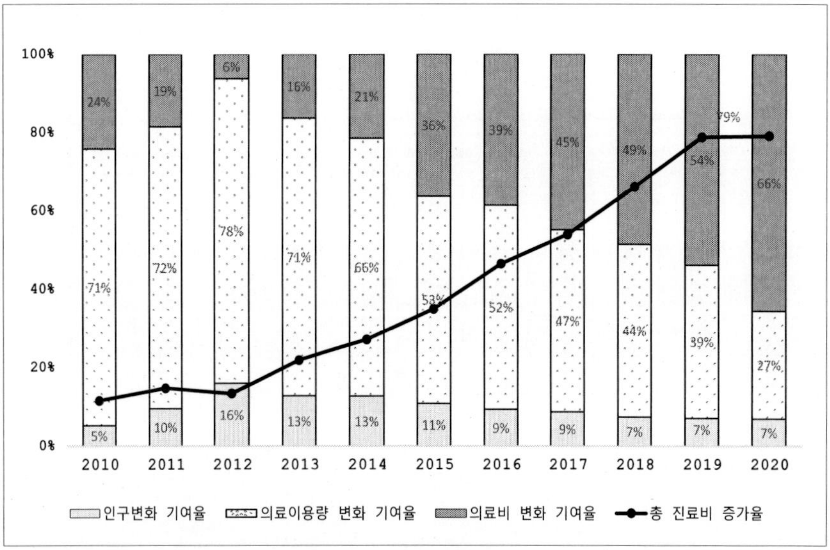

자료: 국민건강보험공단의 건강보험 급여청구자료(2009~21년)를 이용하여 저자 계산.

[그림 3-25] 상급종합병원 건강보험 진료비 지출 증가 기여도 변화

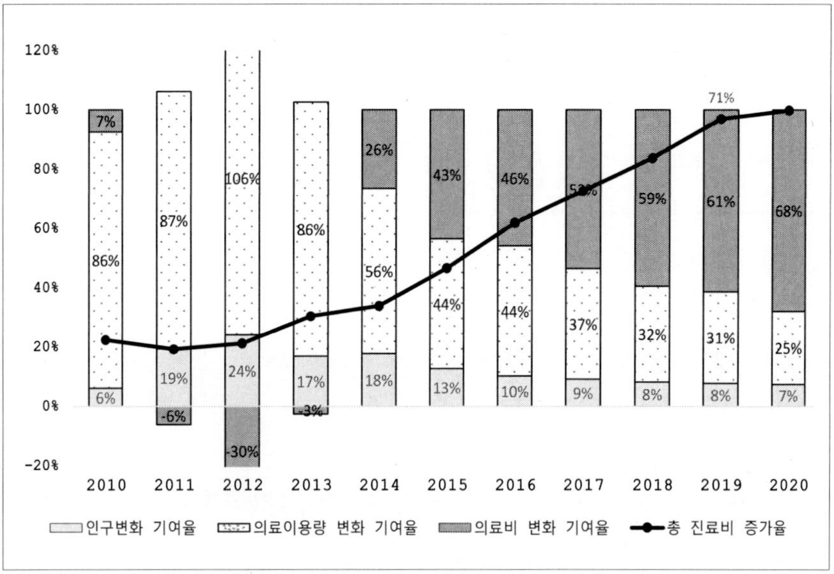

자료: 국민건강보험공단의 건강보험 급여청구자료(2009~21년)를 이용하여 저자 계산.

2013년부터 감소하였으며, 특히 COVID-19의 충격으로 의료서비스 이용이 큰 폭으로 감소한 것으로 확인된다.

병원과 종합병원, 상급종합병원 등 병원급 이상 의료기관에서는 정도의 차이는 있으나 2010년대 초반까지는 의료서비스 이용(수량요인)이 해당 의료기관의 건강보험 진료비 증가의 주된 기여요인이었으나, 이후 가격요인의 기여도가 확대되는 양상이 나타나고 있다. 이러한 변화는 건강보험 진료비 전반의 변화 양상과 유사한 것으로, 의료서비스 이용량의 증가 정도는 안정적인 추세를 보이는 반면, 가격요인의 증가세가 건강보험 진료비 지출 증가에 주로 기여하고 있다.

다. 질병별 건강보험 진료비 지출 증가 기여도 분석

본 항에서는 질병별 의료비 지출 증가의 변화를 살펴본다. 건강보험 청구 항목의 주상병 코드를 이용해 질병별 건강보험 진료비를 정의하였

다. 이렇게 정의한 질병별 의료비 지출을 요인별로 분해하고 각 요인의 기여도를 확인한다. 의료서비스 이용 단위는 일반적으로 주상병과 부상병으로 한 개 이상의 상병코드가 있다. 엄밀한 분석을 위해서는 각각의 상병에 적용되는 의료서비스 이용과 의료비 지출을 확인할 필요가 있으나, 이는 전문적인 의학지식을 필요로 하며, 본 분석에서는 보다 자세한 수준까지는 포함하지 못한 한계가 있다. 본문에는 주요 질병의 결과만을 제시한다. 보다 다양한 질병별 결과는 부록의 <부표 2>를 참고할 수 있다.

<표 3-3>은 2019년 건강보험 진료비 지출 상위 질환의 요인별 기여율을 나타낸다. 질병의 유형에 따라 각 요인의 기여 정도는 차이가 있다. 본고에서는 분석 결과를 치매, 파킨슨병, 알츠하이머병 등 노인성 질환과 소아에게서 가장 흔히 나타나는 질환인 급성상기도감염, 급성인두염 및 급성편도염, 그리고 만성질환의 세 유형으로 나누어 각 질병의 진료비 지출 변화에 대해 논의한다.

고령층에서 나타나는 주요 질환인 치매, 파킨슨병, 알츠하이머병 등은 전체 건강보험 진료비 지출 증가세를 크게 상회한다. 2009년 대비 2019년 전체 건강보험 진료비 지출 증가율이 28%인 데 반해 치매는 142%, 파킨슨병은 122.8%, 알츠하이머병은 131.8%에 이른다. 이들 질환은 80대 이상 초고령층 인구 증가로 인한 인구요인의 영향 외에 공통적으로 의료서비스 이용 증가를 통해 진료비 지출 증가에 크게 기여하는 것으로 확인된다. 치매는 진료비 지출 증가의 89%, 파킨슨병은 111.3%, 알츠하이머병은 92.9%가 의료서비스 이용 증가에 따른 결과로 설명된다. 이러한 변화는 노인성 질환자의 요양병원 장기입원 증가로 일부 설명이 가능하다(권정현, 2016). 또한 건강보험보장성강화에 따른 급여 범위의 확대도 건강보험 급여가 적용되는 노인성 질환의 의료서비스 이용 증가로 이어진다. 치매 여부를 진단하기 위한 신경인지기능검사가 2017년 10월부터 건강보험 급여 적용대상이 되면서, 진단 수검자가 증가하고 의료서비스 이용량이 증가하였다.

반면, 의료서비스 이용당 의료비 지출을 의미하는 가격요인의 변화를 보

<표 3-3> 질병별 진료비 지출 증가 기여율 분석(진료비 지출 상위 질환순)

(단위: %)

질병명 (KCD 질병코드)	2019년 진료비 증가율 (2009년 대비)	전체 진료비 증가 중 각 질병의 비중	수량요인	가격요인	인구요인
전체 건강보험 진료비	28.0	100.0	14.6	76.7	8.6
본태성 고혈압(I10)	33.2	8.0	36.9	46.4	16.7
당뇨병(E10~E14)	61.2	2.6	48.2	42.7	9.1
치매(F00~F03)	142.0	3.3	88.8	7.2	3.9
신부전증(N17~N19)	64.6	4.5	101.0	-9.6	8.6
뇌경색증(I63)	64.6	2.8	54.0	37.4	8.6
허혈성 심장질환 (I20, I23~I25)	44.4	1.1	44.7	42.8	12.5
기타 내분비, 대사질환 (E15~E35, E58~E63, E65, E67-E85, E87~E90)	100.0	1.6	92.0	2.4	5.6
유방의 악성신생물 (C50)	107.0	1.9	71.0	23.9	5.2
급성상기도감염 (J00, J01, J05, J06)	-6.2	-0.1	527.0	-336.7	-90.3
급성인두염 및 급성편도염 (J02, J03)	-38.4	-0.7	161.6	-47.1	-14.5
파킨슨병(G20)	122.8	1.0	111.3	-15.8	4.5
기타 심장질환 (I27~I43, I51~I52)	118.1	0.7	49.9	45.4	4.7
녹내장(H40~H42)	125.9	0.6	59.3	36.3	4.4
알츠하이머병(G30)	131.8	0.2	92.9	2.9	4.2
심부전(I50)	100.5	0.4	35.9	58.6	5.5

주: 각 질병은 건강보험 진료비 지출순으로 선별적으로 나열한 결과이며, 질병 분류에 따른 결과는 부록의 <부표 4>를 참조.

자료: 국민건강보험공단의 건강보험 급여청구자료(2009~21년)를 이용하여 저자 계산.

면 치매는 진료비 지출 증가의 7.2%, 알츠하이머병은 진료비 지출 증가의 2.9% 수준 기여에 그치며, 파킨슨병(G20)의 경우 의료서비스 이용당 진료비가 오히려 감소해 진료비 지출 증가에 음의 기여를 한 것으로 나타나 전체 건강보험진료비 지출 증가에서 가격요인의 기여도가 가장 큰 것과는 다른 양상을 나타낸다. 가격요인의 기여가 크지 않은 데에는 조기 진단이 확대되어 중증으로의 이환을 지연하고 상대적으로 비용이 낮은 의원급 의료기관 이용이 증가한 것이 일부 기여하였다. 특히 치매의 경우 2019년 외래 내원 1일당 진료비가 2009년 대비 10% 하락하였다.

이러한 노인성 질환은 만성질환으로 지속적인 치료와 함께 장기적인 돌봄을 필요로 한다. 따라서 건강보험 진료비 이외에도 노인장기요양보험 급여비 지출과 함께 가족돌봄 등 간접적인 사회적 비용 지출이 동반되는 질환이므로, 이러한 비용 관리를 위해서는 노인성 질환에 대한 적극적인 대응이 필요하다. 그러나 치매를 비롯한 노인성 질환의 경우 인구 고령화로 인한 유병률 증가로 건강보험 진료비 지출을 통제하기 어렵다.

본 분석에서 가격요인의 상대적 기여도가 낮은 결과를 고려할 때, 조기 진단을 통한 위험요인 사전 관리 강화 및 치료의 지속성 확보를 통한 중증 이환 지연이 의료서비스 이용당 의료비 지출 증가 관리를 통해 노인성 질환의 진료비 지출 증가를 관리하는 핵심 전략으로 고려되어야 한다. 동시에 수량요인 관리를 위해 노인성 질환을 예방하기 위한 노력이 동반될 필요가 있다.

급성상기도감염 및 인두염과 편도염 등 감기 질환은 2009년 대비 2019년의 물가 조정 진료비 지출 규모가 감소하였다. 다른 질환과의 가장 유의한 특징은 인구 변화가 진료비 지출 감소에 기여하고 있다는 점이다. 급성상기도감염 및 인두염과 편도염은 소아기의 흔한 질환으로 일차 의료기관에서 가장 흔히 접하는 감염성 질환이다(허재균, 2010). 인구 감소가 빠르게 나타나는 소아 집단에 의료서비스 이용이 집중된 이들 질환에서 급성상기도감염은 인구 변화가 해당 질병의 진료비 지출을 감소시키는 데 90% 기여하고, 인두염 및 편도염은 14.5% 기여한 것으로 확인된다.

전체 건강보험 진료비에 대한 각 요인의 기여도와 비교해 고혈압, 당뇨 등 만성질환은 인구의 연령구조 변화가 진료비 지출을 증가시키는 데 기여하는 정도가 더 크다. 특히 고혈압의 경우 그 기여도가 16.7%로 나타나, 현재 수준의 의료서비스 이용 정도와 의료서비스 이용당 의료비 수준이 지속되더라도 인구 고령화에 따라 진료비 지출을 계속 증가시킬 것으로 예상된다. 의료서비스 이용 증가에 대한 기여도는 고혈압 36.9%, 당뇨병 48.2%로 나타나 각 질환으로 인한 의료서비스 이용 증가가 전체 질환 평균에 비해 높은 수준임을 짐작하게 된다. 특히 당뇨의 경우 최근 우리나라에서 유병률이 급격하게 증가하는 것으로 나타나는데, 고연령층이 아닌 집단에서도 유병률이 높아지고 있으며(대한당뇨병학회, 2022), 그에 따른 의료서비스 이용 증가가 진료비 지출 증가에 기여하고 있다. 반면, 전체 의료비 지출에 비해 가격요인의 기여도는 높지 않다. 이는 당뇨 진단 후 6개월 이내 병원 방문율의 증가(2009년 25.1%에서 2017년 36.0%로 증가), 당뇨병 약제 치료율의 지속적 상승(2009년 6.8%에서 2019년 10.6%로 상승), 지속 치료율의 상승(2010년 61.6%에서 2019년 72.7%로 상승) 등 중증 이환 전 치료율이 확대되면서 평균적 의료서비스 이용당 의료비 지출의 기여도는 상대적으로 높지 않은 것으로 나타난다. 이에 더해 말기신질환, 당뇨병망막병증 등 합병증의 발생률도 점진적으로 하락하고 있다(대한당뇨병학회, 2022).

제4장

결과의 요약과 정책적 시사점

제1절 결과의 요약

우리나라의 의료비 지출은 빠르게 증가하고 있다. 의료비 지출의 증가는 국민건강보험 재정의 지속가능성을 위협하고 사회적 부담으로 작용한다. 또한 보건의료에 대한 정부 재정지출은 법에 규정된 의무지출이 큰 부분을 차지하고 있어 재정 운용의 효율성을 저해하게 된다.

건강보험의 지속가능성 및 국가 재정 운영의 효율성을 담보하기 위해서는 한정된 재원을 합리적으로 운영하기 위한 건강보험 재정지출 관리가 필요하다. 효과적인 재정지출 관리방안을 마련하기 위해서는 우선 재정지출 증가의 주요 원인에 대한 면밀한 이해가 바탕이 될 필요가 있다. 인구의 특성, 질병 유형의 변화, 의료기관 및 의료서비스 공급자의 특성 등 의료비를 구성하는 세부적 요인이 의료비 지출 증가에 미치는 영향을 확인하는 것은 건강보험 재정지출 관리를 위해 보다 구체적인 대응방안 마련을 위한 정보를 제공하고, 향후 우리나라의 의료비 변화 방향 예측에도 도움이 될 수 있을 것이다.

본 연구는 이러한 문제의식하에서 우리나라 의료비 지출 증가의 영향요인을 확인하고 건강보험 진료비 지출을 가격요인과 수량요인 그리고 인구요인으로 나누어 각각의 요인이 진료비 지출 증가에 기여하는 정도를 확인하였다.

제2장에서는 선행연구에서 확인되는 국민의료비 지출 영향요인들이 현재에도 유효한 결과인지 확인하기 위해 2005년부터 2019년까지 국가 단위의 패널 자료를 구축하고 분석하였다. 분석 결과는 기존의 선행연구의 결과와 유사하게 소득과 고령화 정도, 의료기술의 발전이 의료비 지출 증가와 유의한 관련성을 갖는 것으로 확인되나, 소득과 고령화의 영향 정도는 과거에 비해 감소하는 것으로 나타난다. 선행연구에서는 의료비 지출의 소득탄력성이 1에 가까운 값이나, 2000년대 중반 이후 시기를 분석한 결과에서는 의료비 지출의 소득탄력성이 0.406으로 나타나, 소득은 여전히 가장 주요한 의료비 지출 증가 영향요인이지만 영향 정도의 크기는 최근 낮아진 것으로 판단된다. 고령화는 소득수준, 의료자원 및 공공의 보건의료 부문 투자 등을 통제한 이후에도 경상의료비 지출 증가와 유의한 관련성을 갖는 것으로 확인된다. 다만, 소득과 마찬가지로 고령화 또한 과거의 연구 결과들에 비해 의료비 지출 증가에 미치는 영향이 감소하고 있는데, 이러한 고령화의 영향 감소는 고령인구의 건강 상태 개선이 주된 원인으로 설명된다. 의료자원 중 병상 수의 증가는 의료비 지출 증가와 유의한 관련성을 갖는 것으로 확인되나, 의사 인력의 수는 유의한 관련성을 확인할 수 없으며, 의료기술의 발전은 의료비 지출 증가와 유의한 관련성을 갖는 것으로 나타난다.

국가별 패널 분석은 국가별 제도적·환경적 이질성을 통제한 결과이나, 우리나라의 제도적 상황 변화에 따라 요인별 의료비 지출 영향요인은 OECD 국가의 평균적인 양상과 다를 수 있다. 이를 고려해 1970년부터 2021년까지 우리나라의 의료비 지출 변화를 전국민 의료보험 도입 전후 시기별로 나누어 분석하였다. 분석 결과는 전국민 건강보험 적용 전후에 우리나라의 경상의료비 지출 영향요인에 상당한 차이가 있음을 시사한다. 특히 소득의 영향이 큰 폭으로 변화하는데, 전국민 건강보험이 도입되기 이전 시기인 1970~88년의 의료비 지출 분석에서는 의료비 지출의 소득탄력성이 1보다 커, 의료서비스 이용이 사치재였던 것으로 나타난다. 그러나 전국민 의료보험 도입 이후 시기에는 의료비 지출의 소득탄력성이 큰 폭으로 하락하여(0.406), 의료서비스 이용은 더 이상 사치재가 아닌 필수재로 분류할 수 있다. 의료보험 도입으로 소득의 변동이 있더라도 과거 보험이 없던 시기에 비해 의료서비스 접근성이 큰 폭으로 개선된 점이 의료비 지출의 소득탄력성 변화에 주요하게 영향을 미쳤을 것으로 판단할 수 있다. 우리나라는 빠른 속도로 고령화가 진행되고 있으나 전국민 의료보험 도입 이후 분석 시기로 한정했을 때 고령화 정도가 의료비 지출에 미치는 영향은 양의 추정계수를 나타내나 통계적으로 유의하지 않다. 병상과 의사 수의 변화 또한 유의한 영향을 확인할 수 없는 반면, 여전히 정부 재정지출 중 보건의료 부문의 비중 확대는 우리나라 의료비 지출 증가와 밀접한 관련이 있는 것으로 분석 결과 확인된다. 정부의 보건의료 분야에 대한 재정지출 확대가 의료비 지출 증가와 높은 연관성을 보이는 것은 보건의료서비스 수요 확대에 대한 정부 재정지출의 자동적 대응에 기인하는 측면이 있다. 우리나라는 건강보험 재정지출에 대해 국고지원을 법제화하고 있으며, 양출제입 방식으로 운영되는 건강보험 재정지출의 특성상 건강보험 재정지출의 확대, 즉 의료비 지출의 확대는 건강보험 국고지원의 자동적 증가로 이어진다. 전국민 의료보험제도가 도입되기 이전의 정부의 보건의료 분야 재정지출에 비해 전국민 의료보험제도가 도입된 이후 정부 재정지출 중 보건의료 부문 지출 증가가 유의한 관련성을 나타내는 것은 이러한 가능성을 뒷받침한다.

제3장에서는 2009~19년의 건강보험 진료비 지출을 가격과 수량, 인구요인으로 분해해 각각이 진료비 지출 증가에 미치는 영향 정도를 산출하고 건강보험 진료비 지출 증가를 견인하는 주요 요인을 확인하였다. 또한 연도별로 각 요인이 기여하는 정도의 변화를 확인하고, 연령, 의료서비스 유형 및 의료서비스 기관, 질병별로 진료비 지출 영향요인을 확인해 구체적인 건강보험 재정지출 증가 대응방안을 모색하고자 하였다.

전체 건강보험 진료비 지출 증가에 대한 기여도가 가장 큰 것은 가격요인으로 2009년부터 2019년 사이 건강보험 진료비 지출 증가의 76.73%를 설명한다. 의료서비스 이용량의 증가는 의료비 지출 증가의 14.64%, 인구구조 변화는 8.63%를 설명한다.

가격요인의 기여도는 2013년 이후 지속적으로 확대되고 있다. 가격요인은 진료 에피소드별 진료 강도의 변화, 수가의 변화, 보장성강화정책의 확대에 따른 높은 가격의 의료서비스에 대한 급여 확대 등 정책적 변화가 주로 영향을 미칠 수 있는 영역으로 지출 관리 대응전략을 필요로 한다. 수량요인은 2010년부터 2012년까지 전체 건강보험 진료비 지출 증가의 35% 이상을 설명하였으나, 이후 지속적으로 전체 건강보험 진료비 지출 증가에서 차지하는 기여도가 축소되면서 안정적 수준을 나타내고 있다. 인구구조 변화요인의 영향은 2017년 이후 전체 건강보험 진료비 지출의 10% 내외로, 인구구조의 변화가 진료비 지출 증가의 주요한 영향요인이나, 진료비 지출 증가를 주도하는 요인은 아님이 확인된다. 고령화의 제한적인 영향은 건강한 고령화에 주로 기인하는 것으로 판단된다. 건강한 고령화가 진행되고 있다는 가능성은 75세 미만의 전기 고령자의 의료서비스 이용 감소와 75세 이상 고령층의 의료비 지출에서 의료서비스 이용의 영향이 감소하는 양상, 건강수준과 교육수준 간 유의한 상관관계, 교육수준이 높을수록 동일한 연령수준에서 의료서비스 이용이 감소하는 패턴에서 확인되며, 건강한 고령화 지원을 통한 고령자 의료비 지출 관리의 가능성을 시사한다.

국가별로 의료비 지출을 관리하는 주요 전략 중 하나는 고비용의 입원서비스 이용을 상대적으로 저비용인 외래서비스 이용으로 전환하는 것이다. 의료기술의 발달은 입원서비스를 외래서비스로 대체하는 것을 가능케 한다. 의료서비스 유형별 건강보험 진료비 지출요인 분석을 수행한 결과에 따르면, 우리나라는 상급종합병원을 중심으로 외래서비스 이용이 증가하는 것으로 나타나나 입원서비스 또한 증가해 입원서비스가 외래서비스로 충분히 대체되고 있는지 여부는 명확하지 않다. 외래서비스에서는 가격요인이 2019년 기준 건강보험 진료비 지출 증가의 73%를 설명해 외래서비스 진료비 지출 증가를 가격요인이 주로 견인하고 있음이 확인된다. 가격요인의 기여도가 빠르게 증가하는 원인은 외래서비스에서 고비용의 의료서비스 이용의 증가, 진료 강도의 변화, 수가의 상승 등이 영향을 미칠 수 있다. 특히 상급종합병원에서 외래서비스 이용 증가가 두드러지게 나타나는 것은 외래서비스 이용당 진료 강도의 변화 및 고비용의 의료서비스 이용 변화 가능성을 시사한다. 입원서비스에서는 수량요인이 건강보험 진료비 지출 증가를 주로 견인하는 것으로 나타난다. 다만, 2015년부터 가격요인의 기여도가 점차 확대되고 수량요인의 기여도는 하락 추세를 나타낸다.

질병별 진료비 지출 분석 결과에서는 질병의 유형별 진료비 지출 증가 기여도의 차이를 확인할 수 있다. 고령층의 주요 질환 유형에서는 수량요인이 진료비 지출 증가를 주로 견인한다. 가격요인은 상대적으로 진료비 지출 증가에 대한 기여도가 낮은데, 고령화의 심화에 따른 유병률 증가와 의료서비스 이용 통제가 제한적인 현실을 고려할 때 조기 진단을 통한 위험요인 사전 관리 강화 및 치료의 지속성 확보를 통한 중증 이환 지연이 의료서비스 이용당 의료비 지출 증가 관리를 통해 노인성 질환의 진료비 지출 증가를 관리하는 핵심 전략으로 고려되어야 한다. 동시에 수량요인 관리를 위해 노인성 질환을 예방하기 위한 노력이 동반될 필요가 있다.

고혈압, 당뇨 등 만성질환은 인구의 연령구조 변화와 의료서비스 이용 증가가 진료비 지출을 증가시키는 데 매우 주요하게 기여하는 것으로 나타난다. 특히 고혈압의 경우 그 기여도가 16.7%로 나타나, 현재 수준의 의료서비스 이용 정도와 의료서비스 이용당 의료비 수준이 지속되더라도 인구 고령화에 따라 진료비 지출을 계속 증가시킬 것으로 예상된다. 반면, 전체 의료비 지출에 비해 가격요인의 기여도는 높지 않다. 이는 만성질환 진단 이후 치료 지속 정도의 개선으로 중증 이환이 감소하면서 평균적인 의료서비스 이용당 의료비 지출의 기여도가 상대적으로 높지 않기 때문으로 판단된다.

지금까지의 분석 결과는 건강보험 진료비 지출 증가에서 지속적으로 가장 큰 문제로 인식되는 고령화가 의료비 지출 증가의 유일한, 또는 가장 중요한 요인이 아니라는 것을 보여준다. 건강보험 진료비 청구자료를 이용해 분석한 결과에 따르면, 의료서비스 이용당 진료비의 변화가 전체 진료비 지출 증가를 견인하는 가장 주요한 요인으로 확인된다. 또한 연령, 의료서비스 유형, 질병에 따라 건강보험 진료비 지출 증가를 견인하는 주요 원인과 기여 정도는 차별적으로 나타난다. 다음 절에서는 분석 결과에 근거해 건강보험 진료비 지출 관리를 위해 고려할 수 있는 정책 방안을 제안하고자 한다.

제2절 정책적 시사점

1. 건강한 고령화의 지원

고령화의 심화는 의료비 지출 증가의 주요한 영향요인이다. 그러나 분석 결과에서는 고령화가 건강보험 진료비 지출 증가에 미치는 영향이 점진적으로 약화되는 것으로 확인된다. 75세 미만의 전기 고령자는 75세 이상 후기 고령자에 비해 의료서비스 이용이 감소하고 있으며, 후기 고령자 집단에서도 코호트에 따라 의료서비스 이용이 감소하는 결과가 나타난다. 또한 노인성 질환의 경우 의료서비스 이용의 영향은 확대되고 있으나 의료서비스 이용당 의료비 지출의 영향은 하락하고 있다. 따라서 효율적인 의료비 지출 관리를 위해서는 건강한 고령화를 통한 고령층 의료비의 부담을 지속적으로 축소해나가는 전략이 필요하다. 건강한 고령화는 고령인구의 질병과 장애(disability) 부담을 줄이고 돌봄 시작 시기를 지연시켜 포괄적인 의료비 지출의 부담을 줄일 수 있으며, 궁극적으로는 고령자의 삶의 질 개선에도 도움이 되는 전략이다. 따라서 건강한 고령화를 지원하기 위해 초기 고령자 집단부터 신체적·정신적 건강에 대한 포괄적 지원이 필요하다.

신체적 기능 및 일상생활수행능력의 유지는 적극적인 사회참여를 가능하게 하고, 사회와의 관계 유지 여부는 건강한 고령화에 주요한 영향을 미친다. 따라서 노화 및 노쇠를 예방하기 위한 건강 증진에 대한 적극적인 투자가 필요하다. 운동, 금주, 금연 등 개인 수준에서 건강 유지 행동을 지속할 수 있도록 환경을 조성하고, 예방적 의료서비스 이용에 대한 지원을 통해 질병의 진행을 관리해 건강한 고령화를 지원할 필요가 있다.

초기 노년기에 우울증, 인지기능 저하 등 정신건강 문제를 경험하는 것은 이후 치매 및 신체기능 저하 경험의 가능성과 돌봄 필요 증가로 이어진다(권정현・김홍수, 2023). 따라서 노인의 우울증과 같은 정신건강에 대한 적극적 대응방안 마련은 건강한 고령화 지원을 위해 필수적인 정책 대응이다. 이를 위해 고령층의 정신건강 문제에 대한 다양한 정보 전달을 통해 고령층과 그 가족의 정신건강의 중요성에 대한 인식을 개선하고, 정신건강 문제의 초기 단계부터 개입이 가능하도록 의료인에 의한 초기 진단의 가능성을 제고할 필요가 있다. 또한 노인의 정신건강과 밀접하게 관련되는 고립, 우울증 등을 개선하기 위해 고령자의 적극적 사회참여를 유도하기 위한 사회서비스의 활성화 및 보건의료기관과 사회서비스 간 연계체계를 마련을 통한 사회서비스 접근성을 개선할 필요가 있다.

복합적인 만성질환을 가진 고령자에 대해서는 접근이 용이한 일차의료기관의 포괄적이고 지속적인 관리가 중요함에도 불구하고, 만성질환의 지속적인 관리는 효과적으로 이루어지고 있지 않으며, 수도권의 상급종합병원에 대한 선호도가 높은 상황이다(박은철, 2021). 건강한 고령화를 위한 포괄적 관리를 위해서는 일차의료기관의 역할 정립이 필요하다. 일차의료기관을 통한 고령자의 지속적인 관리와 지역사회 간의 연계가 건강한 고령화를 위한 주요 구성요소임이 다양한 연구에서 확인되고 있다. 지역사회의 의원급 의료기관 의료진과의 지속적인 신뢰관계 정립을 통해 고령자의 다양한 질환과 건강상태를 사전적으로 확인하여 개별 맞춤형 건강관리 방안을 마련하고, 지속적인 모니터링과 지역사회 연계를 통한 포괄적 노인건강 관리체계를 마련해 노인성 질환의 중증화를 예방하고 건강한 고령화를 지속할 수 있도록 지원이 필요하다.

우리나라의 의료전달체계와 일차의료가 갖는 한계를 보완하기 위해 보험자(건강보험공단)는 일차의료 만성질환 관리 시범사업을 수행하고 있다. 사업은 동네 의원을 중심으로 지역사회 자원을 연계한 포괄적 고혈압・당뇨병 관리 서비스로, 고혈압 및 당뇨 진단 환자에 대해 포괄적 케어 플랜을 수립하고 지속적인 관리를 수행하는 사업이다. 일차의료 만성

질환 관리 시범사업과 유사한 방식으로 노인 건강관리사업을 설계해 노인건강 관리의 효율성을 제고할 수 있다. 만성질환을 포함한 신체건강과 정신건강 및 돌봄까지 포괄적으로 연계해 파편적으로 다양한 의료서비스를 이용하는 고령자의 의료서비스 이용을 관리하고 건강한 고령화를 지원하는 동시에 우리나라 의료전달체계의 효율화를 도모할 수 있는 방안으로 활용할 필요가 있다.

2. 만성질환의 예방 및 치료의 지속성 제고

고혈압과 당뇨를 중심으로 한 만성질환은 2019년 건강보험 진료비 지출 최상위 질환이다. 이들 질환은 고령화와 의료서비스 이용 증가가 진료비 지출을 증가시키는 데 기여하고 있으며, 특히 고혈압은 인구구조 변화가 진료비 지출 증가에 기여하는 정도가 커 수량 및 가격 요인의 변화가 없더라도 인구 변화에 의해 지속적인 의료비 지출 부담 증가를 가져올 것으로 전망된다. 따라서 이러한 만성질환의 발병을 예방하고 치료의 지속성을 제고해 유병자의 중증화를 예방하는 것은 건강보험 진료비 지출 관리를 위해 중요하다.

만성질환 치료와 관리의 지속성 확보는 합병증 발병을 포함한 만성질환의 중증화를 억제해 의료비와 사회경제적 질병부담을 감소시킬 수 있다. 그러나 의료전달체계가 정립되어 있지 않고 일차의료기관이 주치의 역할을 할 유인이 마련되어 있지 않은 우리나라 의료체계의 특성상 만성질환 관리의 지속성 확보는 원활하지 않다. 질환 관리의 지속성 확보를 위해서는 의료서비스 공급자와 소비자에 대한 경제적 유인 마련이 필요하다. 병의원에서 만성질환 관리의 지속성이 유지될 수 있도록 현재 행위별수가제로 운영되고 있는 일차의료기관 만성질환관리제에 성과연동에 따른 가산금 지급 등을 도입하여 환자의 지속적인 관리에 대한 인센티브 제공을 고려할 수 있다. 또한 보건소 등에서 맞춤형 상담 교육, 정기적 약물 복용의 지속성을 유지하는 환자에 대해 인센티브를 제공하는 시스템을 마련해 만성질환 관리의 지속성을 제고할 필요가 있다.

또한 국가건강검진의 사후관리 강화를 통해 만성질환의 발병 이전 단계부터 적극적인 관리가 이루어질 수 있도록 제도를 조정하는 것이 필요하다. 현재 국가건강검진은 검진 이후 고혈압, 당뇨의 유병 전단계인 위험관리군과 집중관리군에 대해 우편, 전화, 방문 서비스를 통해 사후관리의 필요성을 안내하고 있다. 그러나 정보 제공 이후 이들 관리군이 실제 의료기관을 이용하는 등 사후관리가 이루어지는지 여부에 대한 후속 조치는 부재하다. 사후관리 여부에 대한 정확한 통계는 확인하기 어려운데, 질환 위험군이 아닌 질환 의심자의 경우에도 건강검진 이후 진료를 받은 사람이 고혈압 25.1%, 당뇨 33.5%에 그쳐(강하렴 외, 2022), 위험군의 사후관리는 이보다 더 낮은 수준일 것으로 예상된다. 만성질환은 발병 이전 고위험군 단계부터 관리해 환자가 되지 않도록 하는 것이 의료비 부담을 줄일 수 있는 방법이므로, 고혈압 및 당뇨 등 만성질환의 전단계인 고위험군에 대한 사후관리 강화방안 마련이 필요하다.

고위험군에 대한 관리가 부족한 데는 건강보험의 수가체계 또한 밀접한 관련이 있는데, 치료가 아닌 상담 등에 대한 보상이 제한적으로 되어 있어 실제 의료기관에서 고위험군 관리가 어려운 측면이 있다. 이러한 한계를 보완하기 위해 우선적으로 의원급 의료기관 만성질환 관리 시범사업의 대상을 유병자뿐만 아니라 고위험군까지 확대해 관리할 필요가 있으며, 고위험군 관리의 효과성이 확인되면 고위험군 관리에 대한 수가 마련을 통해 지속적인 관리가 가능하도록 지원해야 한다.

3. 가격요인의 관리

전체 건강보험 진료비 변화에서 가격요인의 기여도는 2013년 이후 지속적으로 확대되고 있다. 가격요인은 진료 에피소드별 진료 강도의 변화, 수가의 변화, 보장성강화정책의 확대에 따른 고비용의 의료서비스에 대한 급여 확대 등 정책적 변화가 주로 영향을 미칠 수 있는 영역이다.

어떤 요인이 주로 영향을 미치는지에 따라 지출 관리 대응전략이 달라진다. 예를 들어 중증 환자의 증가로 인해 진료 에피소드별 진료 강도가 높아지고 그에 따라 가격요인의 증가가 이어진다면, 건강보험 진료비 지출 관리는 질병의 중증화를 예방하기 위한 정책대응이 동반되어야 한다. 반면, 필요도가 떨어지는 진료가 증가해 진료 강도가 높아지고 있다면 비용효과적인 의료서비스 공급을 유도하기 위한 대응전략이 필요하다.

다만, 연령대별, 의료서비스 유형별, 의료기관 유형별, 질병별로 가격요인의 영향력이 확대되는 원인은 차별적이므로 모든 유형에 들어맞는(one-size-fits-all) 대응방안을 마련하는 것이 불가능하다. 또한 가격요인의 기여율이 확대되더라도 전체 의료비 지출 관점에서 바라볼 때 가격요인이 수량요인과의 대체로 인해 가격요인의 상대적인 기여도가 확대되고 있다면, 정책 개입을 통해 수정하는 것보다 의료서비스 이용(수량요인)의 관리 및 질환의 중증화 예방에 집중해 의료비 지출의 효율화를 제고하는 정책대응이 보다 바람직할 것이다. 예컨대 만성질환의 중증화 예방정책은 의료서비스 이용당 비용의 절감으로 이어질 수 있다. 당뇨병의 경우 국민의 인식 제고, 만성질환관리사업 등 지속적인 보험자(국민건강보험공단)의 지원으로 진단 후 의료서비스 이용 및 지속 치료가 증가하고 중증 이환 전 치료율이 확대되면서 평균적 의료서비스 이용당 의료비 지출의 기여도는 상대적으로 높지 않은 것으로 분석 결과에서 확인되었다. 즉, 중증 이환 지연을 위한 정책대응은 의료서비스 이용당 의료비 지출 증가 관리를 통해 진료비 지출 증가를 관리할 수 있는 정책대응이 될 수 있을 것이다.

동시에 건강보험의 주 지불제도인 행위별 수가제의 변화가 필요하다. 특히 의원급 의료기관의 가격요인이 건강보험 진료비 지출 증가의 주요 기여요인이라는 사실은 의원급 의료기관에 적용되는 행위별 수가제에 변화가 필요함을 시사한다. 현재 우리나라에서는 병원 종류별 분업을 의미하는 의료전달체계가 충분히 확립되지 못한 상태임에 따라 의원급 의료기관('동네 병원')이 일차의료의 역할보다 상급 의료기관들과 경쟁하면서 과잉 진료를 제공할 유인이 확대되고 있다. 그러나 의료전달체계를 확립해 가는 과정에서 의원급 의료기관은 경증 및 만성질환 환자를 대상으로 치료 및 예방과 관리를 수행하는 일차의료 '주치의'의 역할을 확대해 나갈 필요가 있다. 만성질환에 대한 예방 및 관리는 치료의 포괄성과 지속성을 주요 특징으로 하는데, 현재 의료행위 단위의 지불제도인 행위별 수가제는 환자에 대한 지속적 관리 및 상담, 예방, 관리를 포괄하는 서비스에 대한 보상이 어려워 의료서비스 공급자에게 일차의료 기능 수행 유인을 제공하기 어렵다. 증가하는 만성질환에 대응하기 위해서는 의원급 의료기관에 대해 예방 및 관리의 포괄적인 기능에 대한 보상과 지속적 환자 관리에 따른 성과 보상이 가능하도록 묶음지불제도 및 성과기반 보상제도를 활용해 행위별 수가제 중심의 지불제도를 보완할 필요가 있다.

참고문헌

강하렴 · 이선미 · 라규원 · 엄태림, 『일반건강검진 사후관리 강화 방안 연구: 설명의사제 도입을 중심으로』, 건강보험공단 건강보험연구원, 2022.

국회예산정책처, 『NABO 재정동향 & 이슈』, 제16호, 2021.

권정현, 『요양병원 이용과 지불제도 개선방안 연구』, 정책연구시리즈 2016-14, 한국개발연구원, 2016.

______, 『노인의 건강과 은퇴연령 조정 연구』, 연구보고서 2018-04, 한국개발연구원, 2018.

______, 『건강보험 가입자의 합리적 의료이용을 위한 공 · 사 의료보험 상호 작용 분석 연구』, 건강보험공단 · 금융감독원 용역보고서, 한국개발연구원, 2019.

권정현 · 김홍수, 『미래사회 인구와 건강의 변화와 노인돌봄 수요』, 2023.

대한당뇨병학회, 『Diabetes Fact Sheet in Korea 2022』, 2022.

박은철, 「의료전달체계 개선의 방향과 전략」, 『HIRA Research』, 1(1), 2021.

서울대학교병원, 『2021년 서울대학교병원 의료질지표 보고서(Outcome Book)』, 2021.

신현웅 · 윤장호 · 김현정 · 하솔잎 · 이슬기, 『진료비 지출 요인 분석 및 거시적 관리방안』, 연구보고서 2013-08, 한국보건사회연구원, 2013.

이수연 · 이동헌 · 조정완, 『65세 이상 노인진료비 중장기 추계 연구』, 연구보고서, 국민건강보험공단 건강보험정책연구원, 2015.

이호용 · 문용필, 「노인장기요양보험의 도입 전후 진료형태별 의료비 변화 분석」, 『보건경제와 정책연구』, 제21권 제3호, 2015.

정영호 · 고숙자, 『생애의료비 추정을 통한 국민의료비 분석(Ⅰ)』, 연구보고서 2009-04, 한국보건사회연구원, 2009.

정완교, 『고령화와 의료서비스 이용』, 정책연구시리즈 2010-05, 한국개발연구원, 2010.

정형선 · 송양민, 「건강보험 노인의료비의 증가요인 분석 및 향후 전망」, 『보건경제와 정책연구』, 제19권 제2호, 2013.

한남경 · 정우진 · 김노을 · 임승지 · 박종연, 「노인장기요양보험 제도가 노인진료비에 미치는 영향」, 『보건행정학회지』, 제23권 제2호, 2013.

허재균, 「소아의 상기도 감염증」, 『대한의사협회지』, 제53권 제1호, 2010.

홍석철, 「문재인케어, 지속가능한가」, 매일경제-서울대학교 경제학부 금융경제세미나 발표자료, 2019

Baltagi B. H., R. Lagravinese, F. Moscore, and E. Tosetti, "Health Care Expenditure and Income: A Global Perspective," *Health Economics*, 26(7), 2017.

Baumol, William J., *The Cost Disease*, Yale University Press, 1969.

Chandra, Amitabh and Jonathan Skinner, "Technology Growth and Expenditure Growth in Health Care," Journal of Economic Literature, 50(3), 2012.

Charles, Kerwin K. and Philip DeCicca, "Local Labor Market Fluctuations and Health: Is there a Connection and for Whom?" *Journal of Health Economics*, 27(6), 2008.

Conti, Gabriella., James Heckman, and Sergio Urzua, "The Education-Health Gradient," *American Economic Review*, 100(2), May 2010.

Currie, Janet, "Healthy, Wealthy, and Wise: Socioeconomic Status, Poor Health in Childhood, and Human Capital Development," *Journal of Economic literature*, 47(1), March 2009.

Cutler, David M., *Our Money or Your Life: Strong Medicine for America's Health Care System*, Oxford University Press, 2004.

Cutler, David M. and Adriana Lleras-Muney, "Understanding Differences in Health Behaviors by Education," *Journal of health Economics*, 29(1), Jan. 2010, pp.1~28.

Cutler, David M., Kaushik Ghosh, and Mary Beth Landrum, "Evidence for Significant Compression of Morbidity in the Elderly U.S. Population," NBER Working Paper No. 19268, 2013.

Delamater P. L., J. P. Messina, S. C. Grady, V. WinklerPrins, and A. M. Shortridge, "Do More Hospital Beds Lead to Higher Hospitalization Rates? A Spatial Examination of Roemer's Law," *PLoS One*, 8(2), 2013.

Dunn, Abe, Adam Shapiro, and Eli Liebman, "Geographic Variation in Commercial Medical-Care Expenditures: A Framework for Decomposing Price and Utilization," *Journal of Health Economics*, 32(6), 2014.

Evans, R., K. McGrail, S. Morgan, M. Barer, and C. Hertzman, "APOCALYPSE NO: Population Aging and The Future of Health Care Systems" *Canadian*

Journal on Aging, 20(S1), 2001.

Gerdtham, U. and B. Jönsson, "International Comparisons of Health Expenditure: Theory, Data and Econometric Analysis," in A. J. Culyer and J. P. Newhouse (eds.), *Handbook of Health Economics*, Vol. 1A, Elsevier, Amsterdam, 2000.

Ginsburg, Paul B., "Don't Break Out the Champagne: Continued Slowing of Health Care Spending Growth Unlikely to Last," *Health Affairs*, 27(1), 2008.

Grossman, Michael, "On the Concept of Health Capital and the Demand for Health," *Journal of Political Economy*, 80(2), 1972.

Hazra, N. C., C. Rudisill, and M. C. Gulliford, "Determinants of Health Care Costs in the Senior Elderly: Age, Comorbidity, Impairment, or Proximity to Death?" *The European Journal Health Economics*, 19, 2018, pp.831~842.

Hitiris, Theo and John Posnett, "The Determinants and Effects of Health Expenditure in Developed Countries," *Journal of Health Economics*, 11(2), 1992.

Hoffmeyer, U. K. and T. R. McCarthy (eds.), *Financing Health Care*, Vol. 1, Kluwer Academic Publishers, Dordrecht, 1994.

Howdon, Daniel and Nigel Rice, "Health Care Expenditures, Age, Proximity to Death and Morbidity: Implications for an Ageing Population," *Journal of Health Economics*, 57, 2018.

Newhouse, Joseph P., "Medical Care Expenditure: A Cross-National Survey," *Journal of Human Resources*, 12(1), 1977.

______, "Cross National Differences in Health Expenditure: What Do They Mean?" *Journal of Health Economics*, 6(2), 1987.

______, "Medical Care Costs: How Much Welfare Loss?" *Journal of Economic Perspectives*, 6(3), 1992.

Phelps, Charles E. and Joseph P. Newhouse, "The Effects of Coinsurance on the Demand for Physician Services," The RAND Corporation, R-976-OEO, 1972.

Reinhardt, U., "Does the Aging of the Population Really Drive the Demand for Health Care?" *Health Affair*, 22(6), 2003.

Roberts, Jennifer, "Sensitivity of Elasticity Estimates for OECD Health Care Spending: Analysis of a Dynamic Heterogeneous Data Field," *Health Economics*, 8(5), 1999.

Ruhm, Christopher J., "Are Recessions Good for Your Health?" *Quarterly Journal of Economics*, 115(2), 2000, pp.617~650.

Ruhm, Christopher J., "Good Times Make You Sick," *Journal of Health Economics*, 22(4), 2003.

Teasdale, B. and Kevin A. Schulman, "Are U.S. Hospitals Still 'Recession-Proof'?" *New England Journal of Medicine*, 383(13), 2020.

WHO, "Decades of Healthy Aging," 2019.

Williams, G., J. Cylus, T. Roubal, and S. Barber, "Sustainable Health Financing with an Ageing Population," *The Economics of Health and Active Ageing Series*, WHO, 2019.

van Doorslaer, E. K. and R. C. van Vliet, "'A Built Bed is a Filled Bed?' An Empirical Re-examination," *Social Science & Medicine*, 28(2), 1989.

Zweifel, Peter, Stefan Felder, and Markus Meiers, "Ageing of Population and Health Care Expenditure: A Red Herring?" *Health Economics*, 8(6), 1999.

<자료 및 웹사이트>

국민건강보험공단, 『건강보험통계연보』, 각년도.

______, 건강보험 급여청구자료, 각년도.

______, 「2020년도 건강보험환자 진료비 실태조사」, 2021.

______, 「의료서비스 이용 양상 변화 의료비 지출」, 2020.

보건복지부, 「국민보건계정 보고서」, 각년도.

의료보험조합연합회, 내부자료.

______, 『의료보험연보』, 각년도.

통계청, 「인구총조사」, 각년도.

한국보건사회연구원, 「한국의료패널」, 2019.

OECD, *OECD Health Statistics*(https://data-explorer.oecd.org/, 최종접속일: 2022. 12. 1).

https://www.index.go.kr/unify/idx-info.do?idxCd=5061(최종접속일: 2021. 12. 1).

부 록

<부표 1> 국가별 의료비 지출 패널 분석 결과(75세 이상 인구 비중 통제)

종속변수: log(국민 1인당 경상의료비)	(1)
log(1인당 GDP)	0.418*** (0.0861)
log(실업률)	-0.0328* (0.0184)
log(75세 이상 인구 비중)	0.456*** (0.0751)
기대수명	0.0178** (0.00895)
인구 백만명당 CT(로그값)	0.115*** (0.0235)
인구 천명당 병상 수(로그값)	0.0728 (0.0462)
인구 천명당 의사 수(로그값)	-0.0841 (0.0832)
경상의료비 중 공적 지출 비중	0.0743 (0.0562)
정부 재정지출 중 보건의료 분야 지출 비중	0.391*** (0.0668)
연도 추세	-0.00200 (0.00239)
상수항	3.685 (4.428)
관측치	328
R-squared	0.839
분석 국가 수	27

주: 1) ***p<0.01, **p<0.05, *p<0.1을 나타냄. 괄호 안은 표준오차를 나타냄.
2) 분석모형 (3)에서는 칠레, 콜롬비아, 코스타리카, 그리스, 포르투갈, 슬로바키아, 튀르키예(이상 의사 수), 스웨덴(CT 보급률)이 변수 누락으로 제외됨. 분석모형 (4)에서는 캐나다, 멕시코, 뉴질랜드가 정부 재정지출 중 보건의료 부문 지출 변수 누락으로 추가적으로 분석에서 제외됨.

자료: *OECD Health Statistics*와 국가별 자료를 이용한 저자 구축 자료.

<부표 2> 우리나라 의료비 지출 증가요인 분석

종속변수: log(국민 1인당 연간 경상의료비 지출)			
변수	1970~2021년	전국민 의료보험 도입 이전	전국민 의료보험 도입 이후
	(1)	(2)	(3)
log(국민 1인당 GDP)	1.009*** (0.128)	2.285*** (0.158)	0.551*** (0.0564)
75세 이상 인구 비중 로그값	1.729** (0.757)	0.871 (1.035)	-0.0856 (0.161)
실업률 로그값	0.129 (0.0835)	0.548** (0.190)	-0.0115 (0.0130)
인구 천명당 병상 수(로그값)	-0.276 (0.227)	0.680 (0.396)	-0.0182 (0.0880)
인구 천명당 의사 수(로그값)	0.346 (0.443)	2.674*** (0.373)	0.306 (0.180)
정부 재정지출 중 보건의료 부문 비중(로그값)	0.524*** (0.110)	-0.125 (0.215)	0.250*** (0.0839)
year	-0.0696 (0.0588)	-0.388*** (0.0427)	0.0482*** (0.0114)
Constant	142.8 (115.9)	768.0*** (84.22)	-87.74*** (22.26)
Observations	51	19	32

주: 1) ( ) 안은 Newey-West 표준오차를 나타냄.
2) ***p<0.01, **p<0.05, *p<0.1.

자료: *OECD Health Statistics*와 국가별 자료를 이용한 저자 구축 자료.

<부표 3> 연령별 진료비 지출 증가 기여율(2009년 대비 2019년의 기여율)

	의료비 증가율	인구 변화 기여율	의료비 변화 기여율	의료이용량 변화 기여율
전체	30.4	7.9	70.6	21.4
0세	42.8	-35.1	129.7	5.4
1~4세	10.2	-65.1	122.3	42.7
5~9세	16.4	-31.5	108.8	22.6
10~14세	11.2	-134.0	179.4	54.6
15~19세	9.5	-113.5	145.6	67.9
20~24세	24.1	10.9	71.5	17.6
25~29세	14.4	-27.1	124.9	2.2
30~34세	15.9	-44.7	131.6	13.1
35~39세	21.0	-23.7	104.5	19.1
40~44세	17.9	-23.1	111.5	11.6
45~49세	18.2	13.0	103.1	-16.2
50~54세	20.1	30.1	91.3	-21.5
55~59세	35.3	60.9	52.0	-12.8
60~64세	39.2	64.0	45.3	-9.2
65~69세	31.6	41.3	69.3	-10.5
70~74세	31.9	37.9	65.7	-3.6
75~79세	46.1	52.9	42.4	4.7
80~84세	58.4	57.2	30.8	12.1
85세 이상	69.6	50.7	22.7	26.6

자료: 건강보험 청구자료 DB를 이용해 저자 계산

<부표 4> 질병별 기여도(2009년 대비 2019년 의료비 증가율의 기여율)

(단위: %)

질병명	진료비 증가율	의료이용량 변화	의료비 변화	인구변화 기여율
치아 및 지지구조의 기타 장애	120.7	26.8	68.6	4.6
본태성(원발성) 고혈압	33.2	36.9	46.4	16.7
당뇨병	61.2	48.2	42.7	9.1
기타 배병증	62.7	39.7	51.5	8.9
치매	142.0	88.8	7.2	3.9
신부전증	64.6	101.0	-9.6	8.6
관절증	58.1	24.1	66.3	9.6
급성기관지염 및 급성 세기관지염	46.6	59.2	28.8	11.9
뇌경색증	64.6	54.0	37.4	8.6
기타 달리 분류되지 않은 증상, 징후와 임상 및 검사상 이상소견	119.1	54.6	40.8	4.7
연부조직장애	72.5	37.8	54.5	7.7
기타 피부 및 피하조직의 질환	42.8	24.0	63.0	13.0
명시된 다발성 신체 부위의 탈구, 염좌 및 긴장	28.6	-4.7	85.3	19.4
기타 허혈성 심장질환	44.4	44.7	42.8	12.5
폐렴	79.3	30.1	62.9	7.0
요추 및 기타 추간판장애	40.5	7.4	78.9	13.7
뇌성마비 및 기타 마비성증후군	128.3	84.2	11.4	4.3
유방의 악성신생물	107.0	71.0	23.9	5.2
기타 상피내, 양성신생물 및 행동양식불명 및 미상의 신생물	90.2	51.2	42.7	6.2
기타 장 및 복막의 질환	71.4	-5.2	97.4	7.8
기타 눈 및 눈부속기의 질환	98.9	34.6	59.7	5.6
기관, 기관지 및 폐의 악성 신생물	83.7	57.8	35.6	6.6
기타 사지 뼈의 골절	56.5	10.1	80.0	9.8
기타 내분비, 영양 및 대사질환	100.0	92.0	2.4	5.6
백내장 및 수정체의 기타 장애	54.2	41.4	48.4	10.3
기타 급성상기도 감염	-6.2	527.0	-336.7	-90.3
명시된 상세불명 및 다발성 신체부위의 기타 손상	33.5	6.8	76.6	16.6
뇌내출혈	72.4	74.1	18.2	7.7
기타 코 및 비동의질환	33.5	31.9	51.5	16.6

<부표 4>의 계속

질병명	진료비 증가율	의료이용량 변화	의료비 변화	인구변화 기여율
기타 식도, 위 및 십이지장질환	40.2	76.1	10.1	13.8
기타 신경계의 질환	115.8	84.6	10.6	4.8
기타 뇌혈관 질환	50.5	-33.2	122.2	11.0
기타 이유로 보건서비스와 접하고 있는 사람	135.9	57.2	38.7	4.1
간 및 간내 담관의 악성신생물	49.2	37.7	51.0	11.3
기분(정동성) 장애	55.8	65.7	24.3	10.0
전도장애 및 심장성 부정맥	130.7	51.9	43.8	4.3
위의 악성신생물	24.1	17.3	59.7	23.0
급성인두염 및 급성편도염	-38.4	161.6	-47.1	-14.5
류마토이드 관절염 및 기타 염증성 다발성 관절병증	46.6	-6.0	94.1	11.9
기타 호흡기계 질환	79.6	3.2	89.8	7.0
전립선의 비대	68.8	72.9	19.1	8.1
치아우식증	65.6	13.5	78.1	8.5
기타, 부위불명, 속발성, 상세불명 및 다발성 부위의 악성신생물	69.8	56.4	35.7	8.0
목, 흉곽 또는 골반의 골절	82.4	38.6	54.6	6.7
담석 등 및 담낭염	95.7	56.5	37.7	5.8
파킨슨병	122.8	111.3	-15.8	4.5
감염성 기원이라고 추정되는 설사와 위장염	78.3	57.5	35.4	7.1
기타 바이러스간염	33.1	-29.0	112.2	16.8
기타 간질환	47.6	11.9	76.4	11.7
관절의 기타 장애	64.2	34.2	57.2	8.6
정신분열증, 분열형 및 망상성장애	27.7	36.8	43.2	20.1
위염 및 십이지장염	5.8	-358.0	361.7	96.2
기타 비뇨기계의 질환	73.7	36.4	56.1	7.5
결장의 악성신생물	46.2	77.0	11.0	12.0
기관지염, 폐기종 및 기타 만성 폐쇄성 폐질환	30.5	5.7	76.1	18.2
급성 심근경색증	73.6	56.8	35.7	7.5
대퇴골의 골절	83.7	70.8	22.6	6.6
백혈병	65.8	58.5	33.1	8.4

<부표 4>의 계속

질병명	진료비 증가율	의료이용량 변화	의료비 변화	인구변화 기여율
기타 귀 및 유양돌기질환	73.8	24.3	68.1	7.5
기타 심장질환	118.1	49.9	45.4	4.7
출산전선별검사 및 기타 임신의 관리	103.5	-34.1	128.7	5.4
직장S상결장접합부, 직장, 항문과 항문관의 악성신생물	42.9	49.4	37.6	13.0
기타	-101.4	133.7	-28.2	-5.5
두개내 손상	63.9	47.7	43.6	8.7
피부 및 피하조직의 감염	46.4	42.7	45.4	12.0
기타 정신 및 행동장애	89.2	67.7	26.0	6.2
결막염 및 기타 결막의 장애	33.4	7.5	75.9	16.6
신경증적, 스트레스와 관련된 신체형 장애	64.1	63.8	27.5	8.7
진균증	-1.4	282.7	221.6	-404.2
중이염과중이 및 유양돌기장애	-3.3	966.2	-700.3	-165.9
전립선의 악성신생물	114.6	81.8	13.4	4.9
요로결석증	59.3	26.3	64.3	9.4
녹내장	125.9	59.3	36.3	4.4
뼈밀도 및 구조장애	46.0	39.7	48.2	12.1
출혈성병태와 혈액 및 조혈기관의 기타 질환	55.1	50.3	39.7	10.1
천식	-30.7	257.6	-139.5	-18.1
기타 임신과 분만의 합병증	2.5	-1997.8	1872.4	225.4
만성부비동염	22.2	-49.5	124.5	25.0
충수의 질환	32.0	-122.0	204.6	17.4
기타 갑상선장애	63.2	64.6	26.6	8.8
치핵	4.3	-711.5	683.3	128.2
비호지킨림프종	69.7	68.0	24.0	8.0
위 및 십이지장궤양	-46.0	172.1	-60.1	-12.1
기타 소화기관의 악성신생물	86.2	67.8	25.7	6.4
복부 및 골반동통	106.2	41.6	53.2	5.2
췌장의 악성신생물	114.0	72.7	22.5	4.9
신경, 신경근 및 신경총장애	50.1	18.3	70.6	11.1
인플루엔자	-37.9	94.8	19.8	-14.7
심부전	100.5	35.9	58.6	5.5

<부표 4>의 계속

질병명	진료비 증가율	의료이용량 변화	의료비 변화	인구변화 기여율
기타 바이러스질환	109.9	59.3	35.6	5.1
편두통 및 기타 두통증후군	74.8	7.1	85.4	7.4
기타 소화기계의 질환	139.6	70.5	25.5	4.0
신세뇨관-간질성 질환	85.7	40.5	53.0	6.5
기타 태아와 양막강 및 가능한 분만문제와 관련된 산모관리	177.3	22.7	74.2	3.1
기타 림프, 조혈 및 관련조직의 악성신생물	136.2	71.5	24.4	4.1
각막염 및 각막과 공막의 기타 장애	86.8	45.8	47.8	6.4
간질	37.8	20.1	65.2	14.7
자궁의 평활근종	57.2	37.0	53.3	9.7
기타 근골격계 및 결합조직의 기타 장애	77.1	46.0	46.8	7.2
화상 및 부식	57.8	29.9	60.5	9.6
급성후두염 및 기관염	6.6	-270.1	285.5	84.6
태아발육 지연, 태아영양 실조와 단기임신 및 저체중출산과 관련된 장애	118.3	18.8	76.5	4.7
기타 고혈압성 질환	-33.0	234.5	-117.6	-16.9
굴절 및 조절장애	63.3	9.7	81.5	8.8
알콜사용에 의한 정신 및 행동장애	6.4	-282.4	295.9	86.5

자료: 건강보험 청구자료 DB를 이용해 저자 계산

■ ABSTRACT

Decomposing Health Care Expenditure Growth in Korea

Junghyun Kwon

This paper analyzes healthcare expenditure growth in Korea using National Health Insurance Claims data from 2009 to 2019. Healthcare expenditure growth is decomposed into three components at the disease level: service utilization growth, service price growth and demographic transition.

The decomposition shows that growth in prices is the primary driver of healthcare expenditure growth since 2013 at the aggregate level. The main driver has shifted from service utilization growth towards service prices growth. The contribution of demographic shift remains stable over the period, however the contribution pattern varies across age group, type of services and suppliers.

Decomposition of healthcare expenditure of elderly shows different pattern compared to aggregate level decomposition. Demographic shift is the main driver of healthcare expenditure growth among elderly. The contribution of service utilization decreased and suggests possible healthy aging.

KDI 신간안내

RECENT KDI PUBLICATION

지역불평등 양상과 지역발전 전략에 관한 연구

김현석 · 한성민

연구보고서 | 154쪽 | 정가 6,000원

지역 간 격차와 지역 내 격차의 현황 및 주요 요인에 대해 파악하고, 지역발전 전략을 위한 정책적 시사점을 도출하고자 하였다. 실증분석을 통해 우리나라의 지역 간 격차 및 지역 내 소득불평등에 대한 이해를 높이고, 향후 지역의 발전을 추구하는 정책관계자들이 종합적 관점에서 염두에 두어야 할 시사점을 도출하고자 하였다.

통근거리의 초저출산에 대한 영향과 정책적 함의

김재훈

정책연구시리즈 | 119쪽 | 정가 5,000원

전 세계적 저출산이 도시인구집중과 깊은 관련이 있고, 이를 고려하면 선진국에서 도입했던 일-가정양립 정책은 출산율 상승효과가 없거나 오히려 그 반대의 효과를 가져올 가능성이 있음을 지적하였다. 더 나아가 임계점을 넘은 도시인구집중이 주거비용을 상승시켜 청년층을 통근시간이 긴 외곽으로 이주하도록 함으로써 그들의 혼인과 출산을 저해한다는 것을 한국의 자료를 이용하여 이론적 · 실증적으로 보였다.

디지털 시대의 자본흐름과 과제: 중앙은행 디지털 화폐를 중심으로

정대희

정책연구시리즈 | 71쪽 | 정가 4,000원

G20 내에서 CBDC에 대한 논의가 활성화되고 CBDC가 금융혁신, 통화정책 및 국제 자본이동에 미칠 수 있는 영향이 커짐에 따라, 이러한 국제 논의를 토대로 CBDC 발행이 통화정책 유효성, 금융산업 구조, 금융안정성 및 국제자본흐름에 미치는 영향을 종합적으로 검토하고 한국의 대응 전략을 제시하고자 하였다.

문화콘텐츠산업의 성장에 관한 실증적 고찰과 정책 방향

이진국

연구보고서 | 202쪽 | 정가 7,000원

국내 문화콘텐츠산업의 성장 추이와 구조적 특징을 실증적으로 분석하고 문화콘텐츠산업이 타 산업과 맺는 연관성과 국가 경제에 미치는 파급효과를 다각도로 살펴보았다. 특히 문화콘텐츠산업의 성장은 개별 기업의 발전을 통해 이루어지므로 기업 성장을 촉진하는 주요 요인을 규명하고, 문화체육관광부를 중심으로 한 정부의 기업 지원 정책을 체계적으로 진단하였다.

주택 양도소득세의 경제적 효과

문윤상

정책연구시리즈 | 69쪽 | 정가 4,000원

주택 양도소득세의 경제적 효과를 양도소득세가 중과된 2017년의 정책 변화를 이용하여 분석한 결과, 주택의 매매거래가 위축되는 동결효과를 확인하였다. 지난 주택시장 호황기의 양도소득세 변화로 인해 주택거래량은 감소하고 주택가격은 상승하였다. 이처럼 주택시장의 안정성이 저하된 원인으로 저자는 양도소득세에 대한 정책신뢰도를 지목하였다.

주택 보유과세의 귀착과 시사점

문윤상

정책연구시리즈 | 65쪽 | 정가 4,000원

보유세의 본질을 이론적으로 살펴보고, 실증적으로 규명하고자 하였다. 이를 위해 임대주택으로 사용되는 주택에 부과되는 보유세가 임대가격에 미치는 영향을 분석하고, 우리나라에서 신고되는 방대한 임대차거래 자료를 활용하여 종합부동산세 제도 변화의 효과를 분석하였다. 분석 결과, 주택 보유세는 임대가격에 전가되지 않아 주택 소유주가 부담하는 자본세의 성격을 갖는 것으로 나타났다.

인구감소 시대 인적자원의 효율적 활용을 위한 종합 연구

한요셉 · 김도헌 · 김민섭 · 이종관

연구보고서 | 253쪽 | 정가 8,000원

노동시장 전문가들의 연구와 논의를 통해 인구집단별로 기존의 노동시장 참여율이나 생산성이 낮았던 이유를 미시적으로 파악하고, 이를 토대로 인구감소가 시작되고 인구 고령화가 가속화되는 현시점에서 향후 초점을 맞추어야 할 정책 방향을 제시하였다.

정책연구시리즈 2023-15

건강보험 지출 증가요인 분석과 지출 효율화 방안 연구

인 쇄 2023년 4월 27일
발 행 2023년 4월 29일

저 자 권정현
발행인 조동철
발행처 한국개발연구원
등 록 1975년 5월 23일 제6-0004호
주 소 세종특별자치시 남세종로 263
전 화 (044) 550-4114
팩 스 (044) 550-4310

ISBN 979-11-5932-967-8

값 4,000원

* 잘못된 책은 바꿔드립니다.